- достигнув Блаженства -

НА ПУТИ К ИСТИННЫМ
БЛАГОСЛОВЕНИЯМ

Доктор Джей Рок Ли

URIM
BOOKS

«Благословен человек, который надеется на Господа и которого упование – Господь. Ибо он будет как дерево, посаженное при водах и пускающее корни свои у потока; не знает оно, когда приходит зной; лист его зелен, и во время засухи оно не боится и не перестает приносить плод».

(Кн. пророка Иеремии, 17:7-8)

НА ПУТИ К ИСТИННЫМ БЛАГОСЛОВЕНИЯМ Д-р Джей Рок Ли

Издано «Урим Букс» (Представитель: Seongnam Vin)
235-3, Guro-dong3, Guro-gu, Seoul, Korea

Ранее, в 2007 году, издана на корейском языке издательством «Урим Букс»,
Сеул, Корея.
ISBN: 978-89-7557-066-7, ISBN: 978-89-7557-067-4

Впервые издана в июне 2010 г.

Отредактирована д-ром Джеум Сан Вином.
Дизайн разработан редакционным бюро «Урим Букс».
Тираж отпечатан в типографии компании «Евон».
За более подробной информацией обращаться: urimbook@hotmail.com

ОТ АВТОРА

Вот история, написанная в университете, в Риме. Студент колледжа, у которого были некоторые финансовые затруднения, пришел к пожилому богатому человеку, чтобы попросить помощи. Старик поинтересовался, на что студент собирается потратить деньги. Тот ответил, что они нужны ему для завершения исследований.

- А что потом?

- Я должен заработать деньги.

- А что потом?

- Я женюсь.

- А что потом?

- Я состарюсь.

- А что потом?

- Я в конечном итоге умру.

- А что потом?

- ... ...

Эта история весьма поучительна. Если студент был бы человеком, искавшим подлинных благословений, которыми он мог бы обладать вечно, то на последний вопрос старика ответил бы: «Я пойду в Царство Небесное».

В современном обществе люди, как правило, считают, что иметь благословения - это значит иметь богатство, здоровье, известность, власть и мир в семье. Они стремятся обладать всем этим. Но если осмотреться вокруг, то обнаружится, что лишь немногие получают удовольствие от этих благословений. Большинство же богатых семей сталкиваются с проблемами или трудностями во взаимоотношениях между родителями, детьми или родственниками со стороны мужа, жены. Вполне здоровый человек может в один миг лишиться жизни из-за несчастного случая или болезни. В апреле 1912 года тысячи людей путешествовали на роскошном круизном судне, с которым впоследствии случилась трагедия: «Титаник», отправившийся в свое первое плавание с

2.300-ми пассажирами на борту, столкнулся с айсбергом и затонул. По тем временам это было самое лучшее и большое в мире круизное судно, утопавшее в роскоши, и никто не подозревал, что ожидало его всего через несколько часов.

Никто не может знать наверняка о том, что случится завтра. Даже если кто-то в этом мире всю свою жизнь наслаждался богатством, известностью и властью, он не может быть благословенным человеком, если попадет в ад и будет обречен на вечные страдания. Поэтому истинное благословение в том, чтобы обрести спасение и войти в Царство Небесное.

Приблизительно 2000 лет назад Иисус начал свое служение, обратившись к людям со словами: «Покайтесь, ибо приблизилось Царство Небесное». Провозгласив это, Он первую свою проповедь посвятил заповедям Блаженства, благодаря которым люди могли бы достичь Царства Небесного. Иисус учил людей, жизнь которых, как пар, являющийся на короткое время, тому, что есть вечные благословения, то есть истинные благословения, и как войти в Царство Небесное.

Он также наставлял их тому, чтобы стать светом и солью

земли, исполнив Закон с любовью и достигнув Блаженства. Об этом написано в Евангелии от Матфея, с 5-й по 7-ю главы. Это послание называют «Нагорной проповедью».

Однозначно, что наряду с духовной любовью, описанной в главе 13-й Первого послания к Коринфянам, и плодами духа, о которых говорится в 5-й главе Послания к Галатам, заповеди Блаженства учат нас, как стать человеком духа.

Они служат нам ориентиром для самопроверки и содержат главные условия того, как стать освященными и вступить в Новый Иерусалим, в котором находится Божий Престол и который является самым великолепным местом обитания на Небесах.

Эта книга, «На пути к истинным благословениям», обобщает слово о заповедях Блаженства, которое я не раз проповедовал в церкви.

Если мы в точности исполняем заповеди Блаженства, то будем наслаждаться не только такими земными благословениями, как богатство, здоровье, известность, власть и мир в семье, но и получим во владение лучшую из всех небесных обителей - Новый Иерусалим.

Благословения, данные Богом, не подвластны трудностям. Если мы будем следовать заповедям Блаженства, то не станем ни в чем испытывать недостатка.

Я молюсь, чтобы через эту книгу многие люди преобразились духовно, стали стремиться к истинным благословениям и получили все благословения, уготованные для них Богом. Я также благодарен Джеум Сан Вин, директору редакционного бюро и всем его сотрудникам.

Д-р Джей Рок Ли

СОДЕРЖАНИЕ

ГЛАВА 1

ПЕРВОЕ БЛАГОСЛОВЕНИЕ

«Блаженны нищие духом,
ибо их есть Царство Небесное»

От Матфея, 5:3

«Блаженны нищие духом,
ибо их есть Царство Небесное».

В американской тюрьме заключенный, приговоренный к смертной казни, проливал слезы, держа в руках газету. Газетный заголовок сообщал об инаугурации 22-го президента Соединенных Штатов Америки, Стивена Гровера Кливленда. Наблюдавший за ним надзиратель спросил, о чем он так горько плачет. Заключенный, низко склонив голову, стал объяснять.

Он сказал: «Стивен и я учились в одном колледже. Однажды, после окончания занятий, мы услышали звон церковного колокола. Стивен уговаривал меня пойти с ним в церковь, но я отказался. Он пошел в храм, а я в бар. Оттого и жизнь наша сложилась по-разному». Причем речь идет не только о жизни земной. Наша вечная жизнь тоже зависит от выбора, который мы делаем.

О ПРИГЛАШЕННЫХ НА НЕБЕСНЫЙ ПИР

В 14-й главе Евангелия от Луки рассказывается об одном человеке, устроившем большой ужин и пригласившем многих людей. Он послал своего раба привести приглашенных, но раб вернулся один. У званных было слишком много оправданий. Они не могли прийти, потому что были чересчур заняты. Первый сказал: «Я купил землю, и мне нужно пойти посмотреть ее. Прошу тебя, извини меня». Другой ответил: «Я купил пять пар волов и иду испытать их. Прошу тебя, извини меня». Третий попросил понять его, сказав: «Я женился, поэтому не могу прийти».

Хозяин, устраивавший ужин, вновь послал своего раба в селение, чтобы тот привел уличных нищих, слепых и увечных, с которыми он разделил бы трапезу. В этой притче Иисус сравнивает этих званных с теми, кто приглашен участвовать в Небесном Пире.

Сегодня те, кто богат духом, отказываются принять Благую Весть. Они находят множество оправданий, чтобы не прийти, тогда как нищие духом сразу принимают приглашение. Поэтому стать человеком, нищим духом, значит пройти через первую дверь, ведущую к истинным благословениям.

НИЩИЕ ДУХОМ

Быть «нищим духом» - значит иметь смиренное сердце. То есть иметь сердце, в котором нет спеси, гордыни, эгоизма, вожделений или зла. Нищие духом скорее воспримут Благую Весть, а приняв Иисуса Христа, они потянутся к делам духовным и, с помощью Силы Божьей, могут быстрее измениться.

Некоторые женщины утверждают: «Мой муж действительно хороший человек, но он не хочет принять Евангелия». Люди полагают, что человек уже хорош, если он не совершает явно злых поступков. Однако если даже кто-то и кажется хорошим, но не принимает Евангелия от избытка сердца, то можем ли мы утверждать, что он по-настоящему хорош?

В главе 19-й Евангелия от Матфея рассказывается об одном молодом человеке, который подошел к Иисусу и спросил, что доброго он должен сделать, чтобы иметь жизнь вечную. И Иисус велел ему соблюдать Божьи Заповеди. А также Он сказал ему продать свое имение, раздать все нищим и следовать за Ним.

Юноша полагал, что любил Господа и усердно соблюдал Его Заповеди. Но ушел он опечаленный. А все потому, что он был богат и свой достаток ценил дороже жизни вечной. Глядя на него, Иисус сказал: «... *удобнее верблюду пройти сквозь игольные уши, нежели богатому войти в Царство Божие*» (ст. 24).

В этом случае быть богатым означает не только обладать имением и достатком. Это еще означает быть «богатым духом». Люди, богатые духом, могут и не делать с виду ничего злого, но в них сильны плотские, мирские желания. Они находят радость в деньгах, власти, знаниях, гордости, отдыхе, развлечениях и прочих удовольствиях. Поэтому они не испытывают потребности в Евангелии, не ищут Бога.

ОБИЛЬНЫЕ БЛАГОСЛОВЕНИЯ ДЛЯ НИЩИХ ДУХОМ

В Евангелии от Луки, в главе 16-й, говорится о богатом человеке, который весело проводил время и каждый день устраивал пиршества. Он был богат, и от избытка сердца он не чувствовал необходимости верить в Бога. А нищий Лазарь страдал от болезней и просил милостыню у ворот дома этого богатого человека. Так как бедняк был «нищим духом», он искал Бога.

Что было после их смерти? Лазарь был спасен и покоился на лоне Авраамовом, а богач был низвергнут в Гадес и обречен на вечные муки.

Пламя было настолько горячо, что, будучи в муках, богач взмолился: *«Отче Аврааме! умилосердись надо мною и пошли Лазаря, чтобы омочил конец перста своего в воде и прохладил язык мой, ибо я мучаюсь в пламени сем»* (ст.24). Он не мог освободиться от боли даже на мгновение.

Итак, каких людей считать благословенными? Не тех, кто владеет богатством, обладает властью и наслаждается, подобно тому богатому человеку, земной жизнью. Жизнь по-настоящему благословенна, когда принимаешь Иисуса Христа и входишь в Небесное Царство, подобно Лазарю, занимавшему скромное положение. Как мы можем сравнивать земную жизнь, которая длится всего 70 - 80 лет, с жизнью вечной?

Эта притча учит, что важнее быть нищим духом и верить в Бога, нежели быть богатым здесь, на земле.

Однако это не означает, что нищий духом человек, принявший Иисуса Христа, чтобы быть спасенным, должен, как Лазарь, жить в бедности и страдать от болезней. Вовсе нет. Поскольку Иисус Христос освободил нас от наших грехов и Сам ради нас обнищал, мы можем обогатиться Его нищетой, если мы нищи духом и живем по Слову Божьему (2-е посл. к Коринфянам, 8:9).

В 3-м послании Иоанна, 1:2, говорится: *«Возлюбленный! молюсь, чтобы ты здравствовал и преуспевал во всем, как преуспевает душа твоя».* Если наша душа благоденствует, то мы будем здоровы духовно и физически, получим финансовые благословения, будем иметь мир в семьях и многое другое.

Хотя мы и приняли Иисуса Христа и стали наслаждаться обильными благословениями, чтобы войти в Царство Небесное, мы должны сохранить свою веру в Христа до конца. Если мы, любя этот мир, сойдем с пути, ведущего к спасению, наши имена будут стерты из Книги живых (Псалом, 68:29).

Это как в марафонском забеге. Если бежавший первым спортсмен отклонится от курса прямо перед финишной чертой, он не получит никакой награды, не говоря уже о высшей - золотой медали.

Соответственно, если, при всем нашем старании вести добропорядочную христианскую жизнью, мы вновь станем «богатыми сердцем», соблазнившись деньгами и мирскими удовольствиями, то пыл наш остынет. Мы можем даже отойти от Бога. И если это произойдет, мы не сможем войти в Царство Небесное. В 1-м послании Иоанна, 2:15-16, мы читаем: *«Не любите мира, ни того, что в мире: кто любит мир, в том нет любви Отчей; ибо все, что в мире: похоть плоти, похоть очей и гордость житейская, не есть от Отца, но от мира (сего)».*

ОТБРОСЬТЕ ПОХОТЬ ПЛОТИ

Похоть плоти – это греховные помышления, которые зарождаются в сердце. Это и есть наша греховная сущность, тяготеющая к греховным поступкам. Если в нас есть ненависть, злость, вожделение, зависть, мысли о прелюбодеянии и наше сердце спесиво, мы будем желать, думать и действовать в соответствии с этой греховной сущностью.

Например, если человек от природы склонен к осуждению и обвинению других, он будет стремиться слушать сплетни о других людях. Тогда, даже не убедившись, не проверив факты, не узнав правды, он будет распространять сплетни и порочить других людей и, делая это, чувствовать себя хорошо и даже испытывать удовольствие.

И еще, если кто-то держит зло на сердце, он будет

раздражаться даже по мелочам. Такой человек почувствует себя лучше, только выплеснув свою злость наружу. Попытки сдержать в себе возрастающую злость будут очень болезненны для него, поэтому злость все-таки выплеснется наружу.

Чтобы избавиться от похоти плоти, мы должны молиться. Мы можем победить ее, только если мы через искренние молитвы получим полноту Духа Святого. В противном случае, если перестанем молиться, мы потеряем полноту Духа Святого и дадим шанс сатане пробудить в нас похоть плоти, в результате чего можем совершить греховные поступки.

«Трезвитесь, бодрствуйте, потому что противник наш диавол ходит, как рыкающий лев, ища кого поглотить», - говорится в 1-м послании Петра, 5:8.

Молясь, мы всегда должны бодрствовать, чтобы получить полноту Духа Святого. Через горячие молитвы мы можем стать нищими духом, искоренить похоть плоти, являющейся нашей греховной сущностью.

ОТБРОСЬТЕ ПОХОТЬ ОЧЕЙ

Похоть очей – это греховная сущность, которая пробуждается, когда мы что-то видим или слышим. Она подталкивает нас к желаниям, пробуждающимся от увиденного или услышанного. Если что-либо увиденное вызвало в нас определенные чувства, то, увидев то же самое еще раз, мы испытаем те же эмоции. И даже не видя, а просто услышав что-то подобное, эти же чувства начнут пробуждаться в нас и породят похоть очей.

Если вы не отвергнете похоть очей, а будете предаваться ей снова и снова, это пробудит похоть плоти. И в итоге приведет к совершению греховных поступков. Давид, муж по сердцу Божьему, также совершил грех, поддавшись похоти очей.

Во времена царствования Давида народ обрел некоторую стабильность. Однажды Давид был на крыше и случайно увидел купающуюся Вирсавию, жену Урии. Он поддался соблазну и вступил с ней в близость.

В это время ее муж был на поле битвы, сражался за страну. Позже Давид узнал, что Вирсавия забеременела. Чтобы скрыть свой грех, Давид отозвал Урию с поля битвы, понуждая его переночевать дома.

Однако, помня о солдатах, которые вели сражение, Урия переночевал у порога царского дома. Поскольку обстоятельства сложились не так, как хотелось бы Давиду, он решил послать Урию на передовую линию, чтобы тот погиб.

Давид думал, что любил Бога больше, чем кто-либо. Но как бы там ни было, поддавшись похоти своих очей, он совершил грех прелюбодеяния с женой другого мужчины.

Более того, чтобы скрыть свой грех, он совершил убийство.

Позже он поплатился за это, пройдя через большие испытания. Сын,

рожденный Вирсавией, умер, а Давид вынужден был бежать из-за бунта, поднятого его сыном Авессаломом. Ему пришлось выслушивать проклятия даже от черни.

Пройдя через это, Давид смог осознать, какой грех он носит в сердце, и полностью покаяться перед Богом. Наконец-то он стал царем по сердцу Божьему.

В наше время некоторые молодые люди увлекаются фильмами, интернетовскими сайтами, показывающими непристойности. К этому не стоит относиться беспечно. Это и есть похоть очей, которая также воспламеняет похоть плоти.

Давайте сравним это с военными действиями. Допустим, что похоть плоти – это солдаты, которые воюют в городе, огороженном стеной. А похоть очей – это подкрепление или боеприпасы для солдат, находящихся за городской стеной. Солдаты, имеющие постоянное подкрепление, обладают большей мощью для сражения. Если похоть плоти поощряется, то победить ее невозможно.

Таким образом, только призвав всю свою волю, можно не поддаться похоти очей, не смотреть, не слышать, не думать о том, что не является Истиной. Более того, когда мы видим, слышим, думаем только об Истине и имеем добрые чувства, мы можем полностью избавиться от похоти очей.

ОТБРОСЬТЕ МИРСКУЮ ГОРДОСТЬ

Мирская гордость, по своей сути, является самовосхвалением. Она потворствует мирским физическим наслаждениям для удовлетворения похоти плоти и похоти очей и выставляет напоказ свои деяния. Если в нас есть эти качества, то мы будем хвастаться богатством, почетом, знаниями, талантами, внешним видом и тому подобным, чтобы показать себя и привлечь внимание окружающих.

В Послании Иакова, 4:16, сказано: *«Вы, по своей надменности, тщеславитесь: всякое такое тщеславие есть зло».* Хвастовство не приносит нам никакой пользы. 1-е послание к Коринфянам, 1:31, учит: *«Хвалящийся хвались Господом».* Следовательно, мы должны хвалиться только Господом, славя Его.

Хвалиться Господом - значит восхвалять Бога, дающего нам ответы на молитвы, благословения, благодать и Царство Небесное. Это значит восхвалять Господа и посеять семена веры и надежды в тех, кто слышит нас, с тем, чтобы они почувствовали стремление к делам духовным.

Однако некоторые утверждают, что хвалятся именем Господа, но делают это, желая таким образом возвыситься.

В этом случае они никого не могут изменить. Следовательно, чтобы не допустить в будущем проявлений мирской гордости, мы должны не себе угождать, а ближнему (Посл. к Римлянам, 15:2).

ДУХОВНО БУДЬТЕ ДЕТЬМИ!

В небольшом городке США жил маленький мальчик. Поскольку комната для занятий в воскресной школе была очень маленькой, он стал молиться Богу, прося дать им класс побольше. Прошло несколько дней, но он так и не получил ответа. Тогда он начал писать письма Богу каждый день.

К сожалению, ребенок умер, не дожив до десяти лет. Мама, разбиравшая вещи сына, обнаружила толстую связку писем, адресованных Богу. Она показала их пастору, и он был очень тронут этим. Он поведал об этом в церкви, в своей проповеди.

Весть об этом дошла до многих, и отовсюду стали поступать пожертвования. Вскоре денег собралось более чем достаточно для строительства новой церкви. Позже были построены и названы именем этого ребенка начальная и высшая школы, и даже колледж. Все это стало результатом чистой веры маленького ребенка, верившего, что только Бог даст то, о чем он просит.

В главе 18-й Евангелия от Матфея рассказывается о том, как ученики спросили Иисуса, кто «больше в Царстве Небесном», и Иисус ответил: *«Истинно говорю вам, если не обратитесь и не будете как дети, не войдете в Царство Небесное»* (ст. 3). Независимо от возраста, для Бога мы все должны иметь сердце ребенка.

Дети невинны и чисты, они воспринимают все, чему их учат. Мы можем войти в Царство Небесное, только если, подобно им, верим и подчиняемся Слову Божьему, которое слышим и которому нас учат.

К примеру, Писание говорит: «Непрестанно молитесь», и мы должны молиться неустанно, не ища себе оправданий. Бог говорит нам всегда радоваться, и мы должны радоваться, не говоря: «Как я могу радоваться, если в моей жизни столько горя?». Бог не велит нам ненавидеть, и мы должны стараться полюбить даже своих врагов, без всяких оговорок.

Так, имея сердце ребенка, мы сможем быстрее покаяться, когда согрешим, и будем пытаться жить по Слову Божьему.

Но если человек испорчен миром, растерял свою целомудренность, он не распознает свой грех. Он будет судить и обвинять других, распространяться о чужих промахах и недостатках, лгать и по большому счету, и в мелочах, не понимая при этом, что поступает плохо.

Он будет смотреть на людей свысока, стремясь к тому, чтобы его обслуживали. Если он не видит выгоды для себя, он просто забудет добро, когда-то сделанное ему. При этом он никогда не будет испытывать чувства вины. Стремление к собственной выгоде у него настолько огромно, что он сделает все, чтобы добиться своего.

Однако, став духовными детьми, мы будем чутко реагировать на добро и зло. Если мы увидим что-то хорошее, это сразу нас обрадует, и, соответственно, мы будем плакать, сопротивляться, испытывая отвращение к пороку.

Если Бог сказал, что это грех, пусть даже все люди мира утверждают обратное, мы должны противиться пороку всем сердцем и стараться больше не грешить.

И еще, дети не высокомерны, и они не настаивают на своем мнении. Они принимают то, чему их учат другие люди. Подобно им, духовные дети не упираются в своем высокомерии и не пытаются возвыситься. Книжники и фарисеи во времена Иисуса судили и обвиняли других, говоря что только они сами знают истину, но духовные дети не станут вести себя так. Они всегда смиренны и кротки, как наш Господь.

Итак, духовное чадо не настаивает на своей правоте, когда слушает Слово Божье. Если даже что-то и не согласуется с его знаниями или что-то ему не понятно, оно поверит и покорится Слову. Услышав о делах Божьих, оно не станет показывать свои гордыню и высокомерие, а пожелает испытать Божью силу на себе. Став детьми духовно, вы будете верить и подчиняться Слову Божьему, как оно есть. Если вы найдете то, что в соответствии со Словом является грехом, вы постараетесь изменить себя.

В некоторых случаях люди долгие годы ведут христианский образ жизни, правда, они лишь собирают знания о Слове Божьем, но их сердца – это сердца взрослых людей. Когда они впервые испытывают Божью благодать, они каются и постятся, стараясь освободиться от грехов, которые они в себе обнаружили, но позже вновь становятся безразличными.

Когда они слушают Слово, они думают: «Я знаю это». Или же они соглашаются только с тем, что приносит им выгоду или согласуется с их понятиями. Они судят и обвиняют других, базируясь на своих знаниях.

Следовательно, чтобы стать нищими духом, мы всегда должны с помощью Слова изобличать свои грехи и, неустанно молясь и оставаясь духовными детьми, избавляться от них. Только тогда мы сможем радоваться всем благословениям, которые Бог приготовил для нас.

БЛАГОСЛОВЕНИЕ ОБЛАДАТЬ ЦАРСТВОМ НЕБЕСНЫМ НАВЕЧНО

Итак, какое именно благословение получат нищие духом? Евангелие от Матфея, 5:3, говорит: «*Блаженны нищие духом, ибо их есть Царство Небесное*»; и, как сказано, они навеки получат истинное благословение, которым и является Царство Небесное.

Небесное Царство – это место, где будут находиться дети Божьи. Точно так же, как родители, ожидая рождение ребенка, готовят все, необходимое для него, - игрушки, детскую коляску, - Господь готовит Небесное Царство для тех, кто нищ духом, открыт сердцем и принимает Благую Весть, чтобы стать чадом Божьим.

Как сказал Иисус: *«В доме Отца Моего обителей много»* (От Иоанна, 14:2). Много мест для обитания в Небесном Царстве. Наши обители на Небесах будут отличаться в зависимости от того, насколько мы любим Господа, живем по Его Слову и храним свою веру.

Если кто-то нищ духом, но верует в Христа лишь на уровне получения спасения, он попадет в Рай и останется там навечно. Но для людей, ведущих жизнь во Христе, меняющих себя по Слову Божьему, уготованы Первое, Второе и Третье Небесные Царства. Те же, кто достигли освящения своего сердца и были верными во всем доме Божьем, получат обители в чудесном Новом Иерусалиме и будут вечно наслаждаться этими благословениями.

Я рекомендую читателям обратиться к книгам *«Небеса I»* и *«Небеса II»*, рассказывающим о счастливой жизни в Небесном Царстве и его обителях. Здесь я лишь вкратце познакомлю вас с жизнью в Новом Иерусалиме.

В Новом Иерусалиме, где сияет свет Божественной Славы, слышна негромкая песнь хвалы ангелов. Золотая дорога пролегает между зданиями, построенными из золота и драгоценных камней, которые излучают сияние бриллиантов. Чудесно ухоженные зеленые поляны, лужайки, деревья и красивые цветы выглядят гармонично.

Река жизни, прозрачная, словно кристалл, несет свои тихие воды. Чудесный золотой песок лежит на побережье. На золотых скамейках стоят корзины с плодами, сорванными с древа жизни. На дальнем расстоянии можно видеть море, словно стеклянное. В море виден роскошный корабль, сделанный из множества различных драгоценных камней.

Люди, обитающие здесь, наслаждаются своим царским положением, и им служат многочисленные ангелы. Они могут летать на блестящих облакообразных автомобилях. Они всегда видят Господа вблизи и наслаждаются Небесными пиршествами вместе с пророками.

И к тому же, в Новом Иерусалиме есть множество прекрасных вещей, которые мы не встречали на земле. Каждый уголок здесь вызывает восторг.

Поэтому мы не должны довольствоваться только получением спасения, но, будучи нищими духом и меняя себя полностью в соответствии со Словом Божьим, мы войдем в Новый Иерусалим - самую прекрасную обитель на Небесах.

БЛИЗОСТЬ К БОГУ – ЭТО НАШЕ БЛАГОСЛОВЕНИЕ

Когда мы становимся нищими духом, мы не только встречаемся с Богом и получаем спасение, но мы получаем власть детей Божьих и другие благословения. Позвольте познакомить вас со свидетельством старейшины нашей церкви. Он страдал от тяжелой формы полиноза. Но при этом он стал нищим духом.

Около 10-ти лет назад из-за болезни он был вынужден временно оставить работу. Много раз, чувствуя себя совершенно беспомощным, он хотел покончить с жизнью. Он не видел никакого просвета и знал, что ничего не может сделать самостоятельно, поэтому был нищ духом.

Как-то он пошел в книжный магазин, и ему случайно попалась на глаза книга «Откровения о вечной жизни в преддверии смерти». Эта книга моих свидетельств и воспоминаний. Я был атеистом и из-за болезни, длившейся семь лет, находился на пороге смерти, поскольку болезнь невозможно было вылечить методами, доступными людям. Но в мои обстоятельства пришел Господь.

Мужчина провел параллель своей жизни с моей и купил книгу, чувствуя, что его побуждает к этому какая-то сила. Он читал и перечитывал ее, пролив много слез. И, поверив, что тоже может быть исцелен, он пришел в нашу церковь.

С тех пор, благодаря Силе Божьей, он исцелился от своей болезни и смог вернуться на работу. Он пользовался уважением своих коллег и начальников. Был благословлен повышением по службе. К тому же он евангелизировал более 70 своих родственников. Какое вознаграждение он получит на Небесах!

Псалом, 72:28, гласит: *«А мне благо приближаться к Богу! На Господа Бога я возложил упование мое, чтобы возвещать все дела Твои».*

Если мы имеем первое из данных заповедями Блаженства благословений - быть рядом с Господом, мы должны становиться детьми духовными, более страстно любить Бога, проповедовать Евангелие тем, кто нищ духом. Я надеюсь, вы в полной мере ощутите блаженство, которое Бог Любви и Благословений приготовил для вас.

ГЛАВА 2

ВТОРОЕ БЛАГОСЛОВЕНИЕ

—— ❧❧ ——

«Блаженны плачущие, ибо они утешатся»

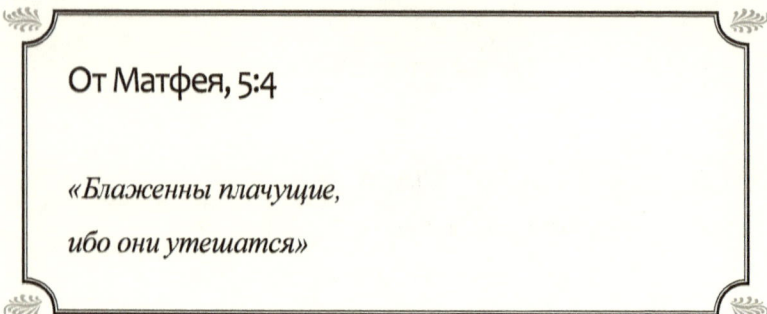

От Матфея, 5:4

«Блаженны плачущие,
ибо они утешатся»

Жили два друга, у которых была большая взаимная любовь. Они заботились друг о друге настолько, что каждый готов был даже пожертвовать своей жизнью ради другого. Но однажды один из друзей погиб в сражении. Тот, кто остался в живых, день и ночь оплакивал ушедшего друга, скучая по нему.

«Скорблю о тебе, брат мой Ионафан; ты был очень дорог для меня; любовь твоя была для меня превыше любви женской».

Этот человек взял сына своего друга и заботился о нем, как о собственном ребенке. История эта, Давида и Ионафана, описана в первой главе 2-й книги Царств.

Живя в этом мире, мы сталкиваемся со многими грустными вещами, такими, как смерть любимых, боль, недомогания, жизненные трудности, финансовые проблемы и так далее. Не будет преувеличением сказать, что жизнь – это сплошная череда скорбей.

«ПЛАЧ ПЛОТИ» НЕ УГОДЕН БОГУ

Из истории мы знаем о войнах, терроре, голоде и других бедствиях, от которых страдали целые народы. Кроме этого, немало страданий и проблем обрушивается на отдельных людей.

Некоторые страдают из-за финансовых затруднений, другие мучаются от боли и болезней. Чьи-то сердца разбиваются из-за нереализованных планов, кто-то проливает горькие слезы, потому что их предали любимые.

Подобный плач, вызванный печальными обстоятельствами, является «плачем плоти». Это - проявление неправедных эмоций. Такое никогда не происходит по воле Божьей. «Плач плоти» не имеет Божьего утешения.

Напротив, в Библии сказано, чтобы мы всегда радовались (1-е посл. к Фессалоникийцам, 5:16). И еще Бог велит нам: *Радуйтесь всегда в Господе; [и] еще говорю: радуйтесь»* (Посл. к Филиппийцам, 4:4). Многие библейские стихи советуют нам радоваться.

Кто-то может удивиться, думая: «Я могу радоваться, когда у меня есть для этого повод, но как я могу радоваться, если у меня где-то болит, есть проблемы, трудности?».

Но ведь мы всегда можем радоваться и благодарить за то, что мы стали детьми Божьими, получили спасение и у нас есть обетование Царства Небесного. Кроме того, когда мы, чада Божьи, молимся, Бог слышит нас и решает наши проблемы. Принимая этот факт на веру, мы непременно должны радоваться и благодарить.

Вот история преподобного д-ра Мионг Хо Чеонга, являющегося миссионером нашей церкви в Африке. Он провел множество крусейдов, проповедуя Евангелие в 54-х африканских странах. Приблизительно 10 лет назад он оставил свою работу профессора колледжа и отправился в Африку в качестве миссионера. Вскоре умер его единственный сын.

Многие утешали его, а он только благодарил Бога и сам успокаивал верующих. Он был благодарен за то, что Бог взял его сына в Царство Небесное, в котором нет слез, горя, боли, болезней. Он радовался тому, что у него была надежда вновь увидеть своего сына на Небесах.

Поэтому если есть вера, то не возникнет «плачь плоти», показывающий нашу неспособность преодолевать грусть, вызванную печальными событиями. Мы будем радоваться в любой ситуации.

Если мы благодарим и молимся с верой даже тогда, когда сталкиваемся с проблемами, Бог работает в нашей жизни, видя нашу веру. Бог поможет изменить все к лучшему; так что для истинных Божьих детей телесные печали не имеют значения.

БОГУ УГОДЕН «ПЛАЧ ДУХОВНЫЙ»

Бог желает, чтобы плачь был не плотским, а духовным. В Евангелии от Матфея, 5: 4, читаем : *«Блаженны плачущие...»*. Под «плачущими» подразумеваются те, кто «плачет» по Царству Небесному и Божьей праведности. Какие же существуют виды «духовного плача»?

Во-первых, это слезы покаяния.

Когда мы верим в Иисуса Христа и принимаем Его как своего Спасителя, с помощью Духа Святого мы приходим к пониманию того, что Он умер на кресте за наши грехи. Почувствовав любовь Иисуса, мы придем к покаянию, обливаясь слезами, будем каяться в своих грехах.

Покаяться - значит отойти от той жизни во грехе, которую мы вели, когда еще не знали Бога, и жить по Слову Божьему. Когда мы, плача, каемся, то бремя грехов снимается с нас, и мы можем испытывать радость, льющуюся из глубины сердца.

Прошло уже 30 лет, но по сей день я четко помню первое собрание пробуждения, которое я посетил после своей встречи с Господом. Я столько слез раскаяния пролил, слушая Слово Божье.

До встречи с Богом я так гордился собой, тем, что жил хорошо и праведно. Однако, слушая Слово Божье и оглядываясь на свою прошлую жизнь, я нашел столько неправильного. По мере того как мое сердце разрывалось на части от раскаяния, мое тело становилось настолько легким и обновленным, что казалось, я летаю. Я также обрел уверенность в том, что могу жить по Слову Божьему. Тогда я бросил курить и пить, начал читать Библию и посещать утренние молитвенные собрания.

И, даже получив благодать покаяния, у нас все еще есть

что оплакивать в своей христианской жизни. Став детьми Божьими, мы должны отступиться от грехов и вести непорочную жизнь, соответствующую Слову Божьему. И пока мы не достигнем меры веры отцов, мы не будем совершенны и время от времени будем грешить.

В этом случае, если мы любим Бога, мы почувствуем сожаление и покаемся перед Ним, молясь: «Господь, помоги мне, чтобы подобное никогда не повторилось. Дай мне силы жить по Слову Твоему». Такого рода плачущим дается сила свыше бороться со своими грехами. Какое же это огромное благословение - оплакивать свои грехи!

Некоторые верующие продолжают совершать одни и те же грехи, а затем вновь и вновь раскаиваются в этом. Это тот самый случай, когда изменения происходят очень медленно, либо вовсе не происходят. А все потому, что они не покаялись по-настоящему, от всего сердца, хотя и утверждают, что плакали от раскаяния.

Представьте молодого человека, который вместе со своими друзьями совершает множество плохих поступков. Он каждый раз просит у родителей прощения за это, но потом продолжает делать то же самое. Значит, он не искренне раскаивается. Он должен перестать встречаться с плохими друзьями, лучше учиться. Только это будет означать, что он искренне покаялся.

Итак, не следует совершать одни и те же грехи и каяться только на словах: лучше «сотворять» достойные плоды покаяния (От Луки, 3:8).

Кроме того, возрастая в вере, мы становимся лидерами церкви, и тогда нам не следует более иметь слез покаяния. Это не значит, что мы не должны быть «плачущими», совершая грехи. Это означает, что мы должны отбросить всякий грех для того, чтобы нам не о чем было плакать.

Слезы покаяния бывают и оттого, что мы не выполняем своих обязательств. В Первом послании к Коринфянам, 4:2, содержится напоминание: *«От домостроителей же требуется, чтобы каждый оказался верным»*. Итак, мы должны быть верными и достойно исполнять свои обязательства. Иначе придется, плача, каяться.

Очень важно и то, что, если мы не покаемся, не отвратимся от греха и не будем исполнять своих обязательств, то возведем стену греха между собой и Богом и, в результате, не сможем рассчитывать на Его защиту. Это напоминает ситуацию, когда взрослый ребенок ведет себя по-детски, и его каждый раз приходится наказывать.

Но если мы каемся и плачем о своих грехах от всего сердца, то Богом данные мир и радость пребудут с нами всегда. Бог даст уверенность в себе. Даст силу исполнить свои обязанности. Это - утешение, которое Господь дает плачущим.

Во-вторых, это плач по братьям по вере.

Иногда братья по вере совершают грехи и встают на путь, ведущий к погибели. В этом случае, если в вас есть милосердие, вы будете волноваться и беспокоиться о своих братьях. Вы будете плакать так, как если бы это касалось вас лично. Вы даже будете каяться от их имени и молиться с любовью, чтобы они стали жить в Истине.

Мы можем печалиться, слезно молить о покаянии от имени братьев по вере, если у нас есть истинная любовь к этим душам. Бог возрадуется такой молитве плачущих и даст утешение.

Напротив, есть люди, которые судят и обвиняют, доставляют неприятности окружающим, вместо того чтобы за них слезно молиться. Есть и такие, кто способствует распространению беззакония, а Бог не одобряет этого. На проступки других людей мы должны отвечать любовью и молитвой об их освобождении от грехов.

О первомученике Стефане рассказывается в главе 7-й Деяний Святых Апостолов. Евреи были оскорблены обращенной к ним речью Стефана. Когда он сказал, что его духовные глаза открылись и он увидел Господа Иисуса, стоящего одесную Бога, они забили его камнями до смерти.

Но даже тогда, когда на Стефана обрушился град побоев, он молился с любовью за грешников, забрасывающих его камнями:

«И побивали камнями Стефана, который молился и говорил: Господи Иисусе! прими дух мой. И, преклонив колена, воскликнул громким голосом: Господи! не вмени им греха сего. И сказав сие, почил» (Деяния, 7: 59-60).

А как поступил Иисус? Он был осмеян, гоним, Его распяли, но Он молился за тех, кто мучил Его, прося : *«Отче! прости им, ибо не знают, что делают»* (От Луки, 23:34).

Принимая крестные муки, будучи абсолютно безгрешным, Он молил о прощении грехов тем, кто распял Его. Это дает возможность понять, какой глубокой и всеобъемлющей является любовь Иисуса к людям. Вот такое сердце угодно Богу. Имея такое сердце, мы можем получать благословения.

В-третьих, это плачь о спасении как можно большего числа душ.

Когда Божьи дети видят тех, кто запятнан грехами мира сего и стоят на пути, ведущем к погибели, они должны проявить любовь и сострадание к ним. Сегодня грех и зло преобладают точно так же, как во времена Ноя. То поколение людей было наказано потопом. Содом и Гоморра были разрушены огнем.

Следовательно, вы должны оплакивать своих

родителей, братьев и сестер, родных и соседей, всех тех, кто еще не имеет спасения. Мы также должны плакать по народам и людям, церквам и всему, что препятствует распространению Божьего Царства. Это значит - мы должны быть плачущими о спасении душ.

Апостол Павел всегда беспокоился и плакал о Божьем Царстве и праведности и о душах. Его преследовали, он прошел через многие трудности, проповедуя Евангелие. Он был даже заключен в тюрьму. Но он не оплакивал собственные страдания, а, молясь, воспевал Бога (Деяния, 16:25). Его плачь о Божьем Царстве и душах был на редкость сильным.

«Кроме посторонних [приключений], у меня ежедневное стечение [людей], забота о всех церквах. Кто изнемогает, [с кем бы] и я не изнемогал? Кто соблазняется, [за кого бы] я не воспламенялся?» (2-е посл. к Коринфянам, 11: 28-29).

«Посему бодрствуйте, памятуя, что я три года день и ночь непрестанно со слезами учил каждого из вас» (Деяния, 20:31).

Когда верующие не имеют твердой опоры в Слове Божьем, церковь не являет славу Господнюю, люди, подобные Павлу, плачут и тревожатся за них. Но если их преследуют за имя Господа, то оплакивать их трудности не надо. Плакать, скорее, следует за души других людей. Более того, чем глубже мир погружается в тьму, тем больше надо плакать и молиться за проявление Божьей славы и о спасении как можно большего числа душ.

ДУХОВНЫЙ ПЛАЧ НУЖДАЕТСЯ В ДУХОВНОЙ ЛЮБВИ

Итак, что нужно, чтобы плач был духовным, угодным Богу? Для плача духовного прежде всего нужна любовь. Как сказано в Евангелии от Иоанна (6:63): *«Дух животворит, плоть не пользует нимало».* Только любовь, признанная Господом, дает жизнь и дает способность показывать людям путь к спасению. Если даже кто-то думает, что наполнен любовью, но его чувства далеки от Истины, то это лишь плотская любовь.

Любовь можно подразделить на плотскую и духовную. Плотская любовь преследует собственные интересы. Эта любовь не наполнена смыслом, она переменчива и скоро умирает. Тогда как духовная любовь неизменна. Это любовь по Слову Божьему, являющемуся Истиной. Настоящая любовь - жертвенна и не преследует собственной выгоды.

Человек не в силах сам обрести духовную любовь. Только поняв Истину и Божью любовь, мы будем делиться ею с другими людьми. Бог благословляет обильно тех, кто, обладая духовной любовью, способен возлюбить даже своих врагов, отдать жизнь за других. Эта любовь животворит во всяком месте нашего пребывания и обращает людей к Богу.

Следовательно, когда в нашем сердце есть духовная любовь, мы можем оплакивать погибающие души и молиться о них. Такая любовь способна менять людей с ожесточенными сердцами, порождать любовь и веру.

Духовной любовью обладали отцы веры, которых возлюбил Бог. Они молились за души, идущие по пути погибели. Они молились со слезами, плача о Божьем Царстве и праведности. Они не просто проливали слезы, но день и ночь проявляли заботу о других душах, оставаясь верными своему долгу.

Плач сердца будет истинным, если он при этом сопровождается проповедью Слова, молитвами, заботами о людях и любовью к ним. Если в нас есть духовная любовь, мы будем испытывать плач духовный по Божьему Царству и Его праведности.

Как сказано в Евангелии от Матфея (6:33): «*Ищите же прежде Царства Божия и правды Его, и это все приложится вам*», тогда дух и душа изменятся, Царство Небесное будет достигнуто и Господь приготовит все, что вам необходимо.

БЛАГОСЛОВЕНИЯ ПЛАЧУЩИМ

В Евангелии от Матфея, 5:4, обещано: *«Блаженны плачущие, ибо они утешатся»*, то есть плачь духовный найдет утешение в Господе.

Утешение, данное Богом, отличается от того, что могут предложить люди. В 1-м послании от Иоанна, 3:18, мы читаем: *«Дети мои! станем любить не словом или языком, но делом и истиною»*. Как Господь сказал, Он будет утешать нас не только словами, но и делами.

Тех, кто беден, Господь благословит финансово. Тем, кто болен, Бог даст исцеление. Бог исполнит желание сердца того, кто придет к Нему с молитвой.

Тем плачущим, кто недостаточно силен, чтобы исполнять свои обязательства, Господь даст силу. Плачущие по душам, с Божьей помощью, увидят результаты евангелизации и пробуждения. Более того, будут прощены грехи тех, чье сердце обливается слезами и чей плачь - об отрешении от нечестия. И к тому же, плачущих, отступивших от грехов и ставших освященными, Господь благословляет способностью демонстрировать грандиозную работу Божьей силы, как это было в случае с апостолом Павлом.

Несколько лет назад я прошел через серьезные трудности, которые поставили под угрозу существование нашей церкви. Мой плачь тогда был о людях, навлекших испытания на церковь, и о ее членах, которые были ни в чем не повинны, но тем не менее их преследовали. Я лишился аппетита и сна из-за тех, кто, имея слабую веру, покинул церковь.

Поскольку я знал, что противостоять Божьей церкви - это большой грех, я пролил немало слез по тем душам, которые навлекли эти проблемы на нашу церковь. Особенно, видя тех, кто поддался ложным слухам, покинул церковь и восстал против Бога, я горько плакал, чувствуя ответственность за то, что недостаточно о них заботился.

Я сильно похудел, с трудом передвигался. Но все равно я должен был проповедовать трижды в неделю. Иногда меня всего трясло, но, беспокоясь о членах церкви, я оставался на своем месте. Бог видел мое сердце, и, когда бы я ни молился, Он утешал меня, говоря: «Я люблю тебя. Это твое благословение».

БЛАГОСЛОВЕНИЕ ПОЛУЧИТЬ УТЕШЕНИЕ ОТ БОГА

Время пришло, Господь постепенно разрешил все недопонимания, и это дало возможность членам церкви укрепиться в вере. Удивительная работа Божьей силы проявилась настолько, что никакого сравнения с прошлым не могло и быть. Он показал нам множество знаков, чудес и экстраординарных явлений.

Он не просто спас церковь от распада, Он благословил

ее духовным возрождением. Бог также открыл широкие возможности для проведения международной миссионерской деятельности. Господь собирал сотни, потом тысячи, миллионы людей, чтобы они услышали Благую Весть и получили спасение. Это было настоящей наградой и радостью!

В 2002 году на индийском пляже «Марина Бич», который занимает второе место в мире по своей величине, прошел молитвенный фестиваль «Чудо исцеления». Его посетили, по подсчетам, более трех миллионов человек. Многие из них получили исцеление, многие индусы приняли христианство.

Бог, утешая, так благословляет, что мы себе и представить не можем. Он также приготовил нам награду в Царстве Небесном, что и является истинным благословением.

«И отрет Бог всякую слезу с очей их, и смерти не будет уже; ни плача, ни вопля, ни болезни уже не будет; ибо прежнее прошло» (Откровение, 21:4). То есть Бог воздаст нам славой и наградами на Небесах, где нет слез, горя, боли.

Тот, кто всегда, плача, молится о Царстве Божьем и Его церкви, в небесных обителях будет владеть золотом, драгоценными камнями, получит другие награды. Его обитель будет украшена огромными сверкающими жемчугами. Пока жемчуг формируется, устрица довольно длительное время вынуждена терпеть боль и тревогу, выделять кристаллическое вещество, забывать о себе. Аналогичным образом, пока идет возделывание человечества на земле, проливая слезы, мы меняемся; если, плача, молимся о Божьем Царстве и других душах, то Господь утешит нас, и наградой будет - жемчуг, процесс формирования которого является весьма символичным.

Итак, пусть наш плач будет не плотским, а духовным, и пусть он будет только о Божьем Царстве и других душах. Поступая так, мы будем утешены Господом и получим ценные награды в Царстве Небесном.

ГЛАВА 3
ТРЕТЬЕ БЛАГОСЛОВЕНИЕ

«Блаженны кроткие,
ибо они наследуют землю»

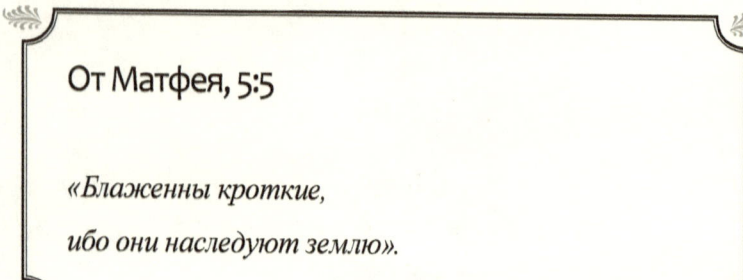

От Матфея, 5:5

«Блаженны кроткие,
ибо они наследуют землю».

В молодые годы, когда Линкольн был еще никому не известным адвокатом, один коллега, по имени Эдвин М. Стэнтон, сильно невзлюбил его. Однажды Стэнтон, узнав, что ему нужно совместно с Линкольном вести дело, хлопнул дверью и ушел, сказав: «Как я должен работать с этим деревенским адвокатом?».

Спустя время, когда Линкольн в качестве законно избранного президента формировал свой кабинет, он назначил Стэнтона 27-м по счету военным министром Соединенных Штатов. Советники Линкольна были удивлены и попросили пересмотреть свое назначение, мотивируя тем, что Стэнтон выступал с публичной критикой Линкольна, заявлял, что выбор подобного президента является «национальным бедствием».

Но Линкольн сказал: «Что с того, что он смотрит на меня свысока? У него большое чувство долга и способность преодолевать трудные ситуации. Он более чем достоин быть военным министром».

У Линкольна было большое и кроткое сердце. Он был способен понять и принять человека, так критиковавшего его. В конечном итоге, даже Стэнтон зауважал его и, когда Линкольн умер, заявил: «Линкольн был самым лучшим правителем, которых когда либо видел мир».

Подобно Линкольну, вместо того чтобы не любить и избегать тех людей, которым мы не нравимся, надо попытаться изменить их, найти в них хорошие качества и таким образом показать доброту и кротость своего сердца.

ДУХОВНАЯ КРОТОСТЬ, КОТОРУЮ ПРИЗНАЕТ БОГ

Кроткими принято считать интровертов - людей застенчивых, смиренных, тех, у кого мягкий, спокойный нрав. Однако Бог говорит, что истинная кротость добродетельна.

Здесь добродетель означает правильные, разумные, чистосердечные действия. Быть добродетельным - значит действовать чистосердечно и с достоинством во всех аспектах взаимоотношений с другими людьми.

Кротость и добродетель, при кажущейся схожести, имеют явные различия. Кротость в большей мере относится к внутренним качествам, тогда как добродетель, можно сравнить с верхней одеждой. Если даже очень хороший человек не будет одет аккуратно, люди неправильно воспримут его, и это уронит его достоинство. Поэтому мы не можем стать совершенными, не имея кротости и добродетели. Одна лишь добродетель, сколько бы мы ни старались, не будет представлять ценности, если в нас нет кротости. Это сравнимо с ореховой скорлупой, внутри которой пусто.

Если у человека просто мягкий характер, это не

означает, что в нем есть духовная кротость, угодная Богу. Необходимо еще быть и добродетельным. Тогда мы будем в состоянии иметь широкое сердце, способное обнять многих людей, сравнимое с большим деревом, дающим живительную тень людям, желающим отдохнуть.

Иисус был кротким, Он никогда не ссорился, не кричал, его голоса не было слышно на улице. Он относился к хорошим и злым людям одинаково, и поэтому многие следовали за ним.

ДОБРОДЕТЕЛЬ, СПОСОБНАЯ ОБНЯТЬ МНОГИХ

В истории Кореи был король с кротким сердцем. Его звали Сежонг Великий. Он обладал не только кротостью, но и был добродетельным. Его любили и его министры, и простые люди. В то время жили такие выдающиеся ученые, как Хванг Хии и Маенг Са Сунг. Самым главным достижением того времени было создание корейского алфавита «Хан-Гул».

Сежонг Великий провел реформу медицинской сферы, изменил мышление людей. Он помог утвердиться многим людям в различных областях, включая музыку и науку, добился многого в культурной сфере. Очевидно, что на тех, кто наделен кротостью и добродетелью, люди могут положиться, и результат этого всегда замечателен.

Кроткие люди способны заключить в объятия других, независимо от различий в мировоззрении, образовании. Они не судят и не осуждают со злобой по любому поводу. Их сердца мягки и спокойны настолько, что они могут смиренно служить окружающим.

Если мы бросим камень в кусок твердого металла, то это произведет громкий шум. Если мы бросим камень в стакан, то он разобьется вдребезги. Но если мы бросим камень в тюк хлопка, то ни шума, ни взрыва не будет, потому что хлопок примет камень в свои «объятия».

Так и кроткий человек - он не покинет тех, чья вера слаба и кто ведет себя не по-доброму. Он будет ждать, пока тот изменится к лучшему, и будет способствовать этому. При этом его слова будут не громкими, не дребезжащими, а мягкими и кроткими. Кроткий человек не говорит бессмыслицы, а проповедует только нужные слова Истины.

Кроме того, даже если кто-то будет ненавидеть его, то он не оскорбится, не будет испытывать неприязни. Услышав в свой адрес совет или замечание, он примет их радостно, желая стать лучше. У таких людей нет никаких проблем в отношениях с другими. Он заключит людей в свои объятия вместе с их недостатками и завоюет сердца многих.

ВОЗДЕЛЫВАТЬ СЕРДЦЕ, ПРЕВРАЩАЯ ЕГО В ДОБРУЮ ПОЧВУ

Для того чтобы мы имели духовную кротость, мы должны старательно трудиться над возделыванием своего сердца. В Евангелии от Матфея, в главе 13-й, Иисус говорит о четырех разных типах почвы, сравнивая их с нашими сердцами.

Семя, упавшее на твердую почву при дороге, не может взойти и пустить корни. В сердце, подобном такой почве, не зародится вера, даже если в него посеять Слово Божье. Люди с упрямым сердцем, не открывают его навстречу Слову Божьему, поэтому они не могут встретиться с Богом. Даже если они и приходят в церковь, они остаются просто посетителями. Божье Слово не приживается в них, а значит, и вера не может дать ростки, пустить корни и взрасти.

Семя, упавшее на каменистое поле, может взойти, но камни не дадут ему вырасти. Имеющие подобное сердце, даже слушая Слово, не укрепляются в вере. Они отступаются от веры при первом же испытании. Они знали Бога и были исполнены Святым Духом, почва их сердца благодатнее, чем та, что «при дороге». Но, поскольку их сердце не развивается в Истине, оно увядает и умирает. Такое возделывание почвы не приносит должных результатов.

Семя, упавшее на тернистое поле, также может взойти и вырасти, но не даст плодов, так как терние заглушат росток. Люди с подобным сердцем находятся во власти собственных желаний, финансовых соблазнов, мирских тревог, планов и мыслей, и поэтому ни при каких обстоятельствах им не удастся ощутить силу Божью.

Семя, упавшее в добрую землю, может взойти, принести плоды и многократно преумножить первоначальное семя: «...одно во сто крат, а другое в шестьдесят, иное же в тридцать». Люди, имеющие сердце, подобное доброй почве, покоряются Божьему Слову, говоря лишь «да» и «аминь», и при любых обстоятельствах пожинают обильные плоды. Это и есть сердце благое, угодное Богу.

Давайте проверим собственное сердце. Разумеется, непросто - с точностью, по какой-либо шкале - определить различие в том, можно ли сравнить ваше сердце с придорожной или каменистой почвой, или тернистым полем, или же является «доброй землей». При дороге также могут находиться камни, и, даже имея сердце, подобное доброй земле, мы, по мере роста, будем обнаруживать в нем неправду, похожую на камни.

Но, независимо от того, с каким типом почвы сравнимо ваше сердце, если вы добросовестно трудитесь над ним, вы можете превратить его в «добрую землю». Таким образом, не столь принципиально, какое у вас сердце, более важно, насколько старательно вы возделываете его.

Точно так же, как это делает фермер, который вытаскивает все камни, выдергивает сорняки, удобряет почву и, делая ее «доброй землей», надеется на обильный урожай. Если мы выкорчуем из сердца все проявления зла, ненависти, зависти, ревности, конфликтности, осуждения, обвинения, наше сердце станет почвой, обогащенной благодатью и добротой.

МОЛИТВА С ВЕРОЙ, ДО ПОЛНОГО ОСВОБОЖДЕНИЯ ОТ ЗЛА

Чтобы возделать наше сердце, мы прежде всего должны поклоняться Богу в духе и правде, слушать и понимать Слово Его. Даже в трудной ситуации мы должны радоваться, непрерывно молиться и за все благодарить Бога. Наряду с этим, мы должны приложить все усилия для того, чтобы избавиться от зла в своем сердце. Даже если почва и добрая, но мы не будем заботиться о посевах, то не получим хорошего урожая. Аналогично этому, нам не следует останавливаться после одной-двух попыток, нужно молиться с верой до конца. Так как вера - это *«...осуществление ожидаемого...»* (Посл. к Евреям, 11:1), мы должны старательно трудиться, молиться с верой. Только тогда мы будем собирать обильный урожай.

И еще, в процессе выкорчевывания всех форм зла из нашего сердца нам может показаться, что мы во многом избавились от него, но позже зло вновь начнет проявляться. Это похоже на то, как чистят лук. Даже после того как мы сняли один слой, под ним окажется другой слой кожуры. Но если мы не останавливаемся и делаем все, чтобы отбросить зло до конца, в конечном итоге мы получим кроткое сердце, в котором не будет зла.

КРОТОСТЬ МОИСЕЯ

В период Исхода, длившегося 40 лет, ведя израильтян к земле Ханаан, Моисей столкнулся со многими трудностями.

Только взрослых мужчин было порядка 600 тысяч, а если посчитать всех женщин и детей, то общее количество людей превысит два миллиона. Столько человек он должен был в течение 40 лет вести за собой через пустыню, где не было ни еды, ни воды. Можно представить, сколько тяжелых препятствий ему пришлось преодолеть!

Позади них было войско египтян (Исход, 14:9), а впереди - Красное море. Но Бог открыл им путь, воды расступились, и они прошли среди моря по суше (Исход, 14:21-22).

Когда не было питьевой воды, Бог заставил воду течь из скалы (Исход, 17:6). Бог также превратил горькую воду в сладкую (Исход, 15: 23-25). Когда не стало еды, чтобы накормить их, Бог послал манну и перепелов (Исход, главы

14-17).

Несмотря на то, что израильтяне убедились в силе Бога Живого, они каждый раз, сталкиваясь с трудностями, роптали против Моисея:

«И сказали им сыны Израилевы: о, если бы мы умерли от руки Господней в земле Египетской, когда мы сидели у котлов с мясом, когда мы ели хлеб досыта! ибо вывели вы нас в эту пустыню, чтобы все собрание это уморить голодом» (Исход, 16:3).

«И жаждал там народ воды, и роптал народ на Моисея, говоря: зачем ты вывел нас из Египта, уморить жаждою нас и детей наших и стада наши?» (Исход, 17:3).

«И роптали в шатрах ваших и говорили: Господь, по ненависти к нам, вывел нас из земли Египетской, чтоб отдать нас в руки Аморреев [и] истребить нас» (Второзаконие, 1: 27).

Некоторые из них даже пытались закидать Моисея камнями. Моисей должен был прожить 40 лет с такими людьми, уча их Истине и сопровождая их в землю Ханаан. Один лишь этот факт дает нам возможность представить, насколько кротким был Моисей. Господь хвалил Моисея за то, что он *«...был человек кротчайший из всех людей на земле»* (Числа, 12:3).

Но это не значит, что Моисей всегда был таким кротким. Его крутой нрав привел к тому, что он убил египтянина, издевавшегося над иудеем. Он был очень уверен в себе, будучи принцем Египта. Но он смирил и принизил себя полностью, 40 лет выпасая стадо в земле Мадиамской.

Так как он убил египтянина, он вынужден был покинуть дворец фараона и стать беглецом. В конечном итоге, живя в пустыне, он понял, что ничего не может сделать собственными силами. Со временем Моисей изменился и стал человеком кротким, способным заключить всех в свои объятия.

РАЗЛИЧИЯ МЕЖДУ ПЛОТСКОЙ И ДУХОВНОЙ КРОТОСТЬЮ

Обычно, те, кто кроток плотью, имеют тихий, застенчивый характер. Они избегают любого громкого шума, резких звуков.

Они могут проявлять определенную нерешительность, столкнувшись с неправдой. Когда попадают в неприятную ситуацию, они подавляют себя, но при этом сердце их страдает. Когда ситуация переполняет лимит их терпения, они взрываются, удивляя этим людей. К тому же, они недостаточно терпеливы и преданны исполнению своих обязанностей, и поэтому не добиваются результата.

Застенчивый человек, сосредоточенный на самом себе, не демонстрирует тот тип кротости, который порадует Бога. Кто-то может думать о себе, что он кроток, но в глазах Господа, видящего сердце каждого, такого рода характер не будет считаться кротким.

Но тот, кто обрел духовную кротость, отбросил всякую неправду из сердца своего, соберет обильные и разнообразные плоды евангелизации и пробуждения, будет подобен доброй земле, способной родить щедрый урожай.

И еще, его плодами будут благость, праведность и истина (Посл. к Ефесянам, 5:9), духовная любовь (1-е посл. к Коринфянам, 13:4-7) и плоды Духа Святого (Посл. к Галатам, 5:22-23). Таким образом можно стать человеком духовным и получать ответы на свои молитвы.

Самое главное, что те, кто духовно кроток, храбры и сильны в Истине. Они наставляют других в Истине, обучая, могут быть строгими. Видя души, совершающие поступки, греховные в глазах Господа, они смогут найти силу и смелость, чтобы с любовью упрекнуть и поправить человека, кем бы он ни был. К примеру, Иисус был самым кротким из всех, но если с позиций Истины что-то было неправильно, Он решительно укорял, и особенно, если осквернялся храм Господний.

«И нашел, что в храме продавали волов, овец и голубей, и сидели меновщики денег. И, сделав бич из веревок, выгнал из храма всех, [также] и овец и волов, и деньги у меновщиков рассыпал, а столы [их] опрокинул; и сказал продающим голубей: возьмите это отсюда, и дома Отца Моего не делайте домом торговли» (От Иоанна, 2:14-16).

Он также жестко упрекал фарисеев и книжников, учивших не по Истине и противоречащих Слову Божьему (От Матфея, 12:34, 23:13-35; От Луки, 11:42-44).

УРОВЕНЬ ДУХОВНОЙ КРОТОСТИ

Нам следует различать кротость, выраженную в духовной любви, о чем пишется в 1-м послании к Коринфянам, главе 13-й, и кротость духа, являющуюся одной из девяти плодов Духа Святого, о которых говорится в 5-й главе Послания к Галатам.

Итак, насколько это разнится с кротостью, о которой говорится в заповедях Блаженства? Очевидно, что по трем параметрам они мало чем отличаются. Быть спокойным, мягким, иметь любовь и добродетель – это основные характеристики. Но глубинный смысл их различен.

Прежде всего, кротость в духовной любви - это основа

для достижения любви совершенной. Кротость, как один из девяти плодов Духа Святого, имеет более широкое значение, предполагая кротость буквально во всем.

Кротость как плод Духа – это плод, рожденный нашим сердцем. Когда этот плод созревает и начинает приносить благословения, тогда он переходит в кротость, о которой говорится в заповедях Блаженства.

К примеру, мы можем смотреть на изобилие хороших фруктов на прекрасном дереве - назовем их «плодами Духа Святого». Но если мы начнем употреблять эти фрукты, чтобы принести пользу нашему телу, тогда они станут плодами, о которых говорится в заповедях Блаженства. Таким образом, мы можем утверждать, что кротость, описанная в заповедях Блаженства, это кротость более высокого уровня.

БЛАГОСЛОВЕНИЯ, ДАННЫЕ ДУХОВНО КРОТКИМ

В Евангелии от Матфея, 5:5, написано: *«Блаженны кроткие, ибо они наследуют землю»*, то есть благодаря духовной кротости мы наследуем землю.

Здесь, «наследовать землю» не означает обрести участок на земле, речь идет о получении владений в вечности, в Царстве Небесном (Псалом, 36:29).

Наследство – это то, что будущему поколению досталось от предшествующего: собственность, положение, черты характера. Собственность, переданная по наследству, вызывает бо́льшую почтительность окружающих, чем та, что приобретается за деньги.

К примеру, если человек имеет участок земли, который семья много лет передает из поколения в поколение, об этом знают все соседи. Семья будет хранить землю, как нечто драгоценное, и передаст ее своим детям. Следовательно, стать наследником земли значит стать ее собственником.

Итак, почему Бог дает землю в Небесном Царстве тем, что кто имеет кротость духа? *«А кроткие наследуют землю и насладятся множеством мира»* (Псалом, 36: 11). Как уже было сказано, потому что они кротки, добродетельны и способны принять в объятия многих.

Тот, кто кроток, может прощать проступки других, понять и обнять их, и таким образом многие люди вогруг смогут найти утешение и насладиться покоем.

Когда человек завоевывает сердца многих, он получает духовную власть, но еще бо́льшую власть он получит в Царстве Небесном. И тогда, естественно, он унаследует огромную землю.

ДУХОВНАЯ ВЛАСТЬ НАСЛЕДОВАТЬ ЗЕМЛЮ В ЦАРСТВЕ НЕБЕСНОМ

В этом мире люди получают власть только тогда, когда у них есть богатство и известность, но в Царстве Небесном духовная власть принадлежит тем, кто смирил себя и служил другим.

«Но между вами да не будет так: а кто хочет между вами быть большим, да будет вам слугою; и кто хочет между вами быть первым, да будет вам рабом; так как Сын Человеческий не [для того] пришел, чтобы Ему служили, но чтобы послужить и отдать душу Свою для искупления многих» (От Матфея, 20:26-28).

«Истинно говорю вам, если не обратитесь и не будете как дети, не войдете в Царство Небесное; итак, кто умалится, как это дитя, тот и больше в Царстве Небесном» (От Матфея, 18:3-4).

Если мы уподобляемся детям, наше сердце будет находиться на самой скромной, низкой позиции. Так мы завоюем сердца многих людей на этой земле и станем теми, кто будет иметь величие на Небесах.

Точно так же, если мы в состоянии заключить в свои объятия сердца многих людей, то Бог соответственно даст нам большую землю и позволит наслаждаться своей властью над ней вечно. Как можно построить огромный и прекрасный дом, не унаследовав большого участка земли в Царстве Небесном?

Представьте, что вы проделали много работы для Бога и получили достаточно материалов для строительства дома на Небесах, но если надел земли будет мал, вы не сможете выстроить большой дом.

Те, кто войдет в Новый Иерусалим, получат большой участок земли, так как они достигли полной кротости духа. А поскольку их земельные владения велики, то и дома будут большими и красивыми.

Там будет не только дом, но и естественно гармонирующие с ним ухоженный сад, озера, долины и холмы. Будут и дополнительные сооружения, такие, как плавательный бассейн, спортивный зал, и тому подобное. Это Божья забота о владельцах дома; приглашение тех, кого Он принял в свои объятия и помог вырасти в духе, к участию в Небесном Пире и желание разделить с ними любовь навечно.

И сегодня Бог неустанно ищет кротких, чтобы поручить им охватить многие души и повести их к правде. Таким Бог даст в наследство большой участок земли в Царстве Небесном. Поэтому давайте усердно трудиться, чтобы достичь освященности и кротости сердца, чтобы получить право наследовать землю в Царстве Небесном.

ГЛАВА 4

—— ❧❧ ——

«Блаженны алчущие и жаждущие правды, ибо они насытятся»

От Матфея, 5:6

«Блаженны алчущие и жаждущие правды,
ибо они насытятся».

Корейская поговорка гласит: «Каждый станет вором, если проходит три дня голодным». Это говорит нам о мучении, которое приносит голод. Даже самые сильные люди ничего не могут делать, если страдают от голода. Не так-то это просто даже пару раз пропустить обед, а представьте, что будет, если вам придется обходиться без еды один, два или три дня.

Вначале вы почувствуете голод, но со временем у вас появится боль в желудке и начнет бросать в холодный пот. Вы ощутите боль во всем теле, функции организма нарушатся. Потребность в еде в такой ситуации будет огромной. И если продолжится голодание, то можно лишиться жизни.

И в наши дни есть люди, страдающие от жестокого голода. А некоторые во время войн употребляют в пищу даже ядовитые растения. Многие живут, изо дня в день питаясь тем, что нашли в мусорных баках и грудах отходов.

Но еще невыносимее голода – жажда. Общеизвестно, что человеческое тело состоит на 70 процентов из воды. Если организм теряет лишь 2 процента воды, мы чувствуем жажду. Если же теряется 4 процента, то тело слабеет, и можно даже лишиться сознания. Потеряв же 10 процентов - можно умереть.

В организме человека вода – самый главный элемент. Из-за безумной жажды люди, путешествующие по пустыне под палящим солнцем, могут следовать за миражом, полагая, что видят оазис, и погибнуть.

Таким образом, голод и жажда вызывают по-настоящему болезненные ощущения и могут даже лишить жизни. Почему же Бог говорит, что алчущие и жаждущие праведности - блаженны?

АЛЧУЩИЕ И ЖАЖДУЩИЕ ПРАВДЫ

Праведность – существительное, означающее действовать в соответствии с божественным или моральным законом и быть свободным от чувства вины и греха, то есть быть праведным человеком. Среди нас есть люди, которые жертвуют жизнью, придерживаясь сомнительной праведности. Они также протестуют против социальных нарушений, настаивая на том, что только их убеждения являются праведными.

Но Божья праведность совсем другая. Она заключается в том, чтобы следовать воле Божьей и применять на деле Слово, данное нам Богом, который является Благодатью и Истиной. Это относится к каждому нашему шагу. И так должно происходить до тех пор, пока мы окончательно не восстановим в себе утерянный облик Божий и не станем освященными.

Те, кто испытывает голод и жажду по праведности, возрадуются в Господе и, как сказано в Псалме, 1:1-2, о Законе Его будут размышлять день и ночь.

И еще, как сказал псалмист, они будут жаждать Слова Божьего и изучать его и день, и ночь. Не только для того, чтобы просто копить знания, но и применять их в собственной жизни.

«Истаевают очи мои, ожидая спасения Твоего и слова правды Твоей» (Псалом, 118:123).

«Предваряю рассвет и взываю; на слово Твое уповаю. Очи мои предваряют [утреннюю] стражу, чтобы мне углубляться в слово Твое» (Псалом, 118:147-148).

Если мы по-настоящему познали Божью любовь, то будем искренне жаждать Его Слова, будем ощущать голод и жажду по праведности. Мы поймем, что только Он - один-единственный Сын Божий, Иисус, который был невинным и безупречным, принял крестные муки, чтобы искупить всех нас, грешников, и дать нам жизнь вечную.

Если мы верим в эту любовь, доказанную на кресте, мы не сможем жить иначе как по Слову Божьему. Мы будем думать: «Чем отплатить Господу за Его любовь и как угодить Ему? Как мне поступать так, как того хочет Бог?».

Как жаждущая лань желает к потокам воды, так и мы будем искать той праведности, которую признает Бог.

ДЕЛА АЛЧУЩИХ И ЖАЖДУЩИХ ПРАВДЫ

Силою Божьей я был исцелен от многих болезней, против которых медицина была бессильна. Поскольку именно таким путем я встретился с Богом, я страстно тянулся к Слову Господа, давшего мне новую жизнь. Чтобы больше слышать и лучше понимать, я посещал все собрания пробуждения и хотел узнать Его ближе.

«Любящих меня я люблю, и ищущие меня найдут меня» (Притчи, 8:17).

Из проповедей я понял волю Божью о соблюдении Субботы, о десятине и о том, что мы не должны являться пред Богом с пустыми руками (Исход, 23:15), и пытался старательно изучать Слово. Благодаря Бога за то, что Он исцелил и спас меня, я жаждал осуществлять на практике Его Слово.

Как только я стал культивировать в себе Божью праведность, я осознал, что в моем сердце есть ненависть. Затем я подумал: «Каков же я, если способен ненавидеть других?».

Я испытывал ненависть против тех, кто обижал меня,

когда я был болен в течение семи лет; однако, понимая любовь Иисуса, который был распят, пролил свою кровь и воду за меня, я молился сильнее, чтобы избавиться от ненависти.

«Воззови ко Мне - и Я отвечу тебе, покажу тебе великое и недоступное, чего ты не знаешь» (Кн. пророка Иеремии, 33:3).

Молясь, я входил в положение других и понимал, что в их ситуации они могли вести себя так.

Пока я думал, насколько они, должно быть, были убиты горем, видя мое безнадежное положение, вся ненависть во мне исчезала, и я начинал любить всех людей от всего сердца.

И еще, я всегда помнил слова из Библии, говорящие нам, что есть вещи, которые мы должны «делать», «не делать», «хранить» и «отбрасывать». Я применял это на практике. Я выписал каждое из проявлений своей греховной природы и стал избавляться от них, молясь и постясь. Когда я убеждался, что достиг избавления, я вычеркивал запись красной ручкой. В конечном итоге, я перечеркнул все свои пороки, внесенные в записную книжку. На это ушло три года.

В 1-м послании Иоанна, 3:9, говорится: *«Всякий, рожденный от Бога, не делает греха, потому что семя Его пребывает в нем; и он не может грешить, потому что рожден от Бога».* Когда мы испытываем голод и жажду по праведности, подчиняемся Слову Божьему и применяем его на практике, тогда это и будет доказательством того, что мы принадлежим Богу.

ЕШЬТЕ ПЛОТЬ И ПЕЙТЕ КРОВЬ СЫНА ЧЕЛОВЕЧЕСКОГО

Что самое главное для тех, кто голоден или хочет пить? Конечно же еда, которая насытит, и вода, которая утолит жажду. Они будут ценней любого драгоценного камня.

Два торговца в пустыне, сидя в палатке, начали хвастаться драгоценностями, которые у них были. Один арабский кочевник, наблюдавший за ними, рассказал им свою историю.

Этот кочевник очень любил драгоценности. Когда он пересекал пустыню, его настигла песчаная буря. Ему нечего было есть в течение нескольких дней, и он сильно измучился. Кочевник открыл мешок, наполненный жемчугом, который очень любил.

Был ли он счастлив, видя этот жемчуг? Нисколько.

Напротив, он был в большом отчаянии. Не в жемчугах он нуждался в тот момент, а в еде и воде. Какая польза от жемчуга, когда ты умираешь с голоду?

То же и в духовном плане. В Евангелии от Иоанна, 6:55, приводятся слова Иисуса: *«Ибо Плоть Моя истинно есть пища, и Кровь Моя истинно есть питие».* И еще в Евангелии от Иоанна, 6:53, Иисус сказал: *«Истинно, истинно говорю вам: если не будете есть Плоти Сына Человеческого и пить Крови Его, то не будете иметь в себе жизни».*

Соответственно, наш дух нуждается в том, чтобы обрести духовную жизнь и наслаждаться счастьем, вкушать и насыщаться Плотью и Кровью Иисуса.

Здесь, Плоть Сына Человеческого, Иисуса, символизирует Слово Божье. Есть Его Плоть означает слушать и помнить Божье Слово, изложенное в 66-ти книгах Библии. Пить Кровь Иисуса – значит молиться с верой, слушать, изучать Слово Божье и, познав его, применять на практике.

ПРОЦЕСС РОСТА АЛЧУЩИХ И ЖАЖДУЩИХ ПРАВДЫ

1-е послание Иоанна, глава 2-я, дает детальное описание того, как происходит рост духовной веры, обеспечивается жизнь вечная, когда мы едим Плоть и пьем Кровь Сына Человеческого:

«Пишу вам, дети, потому что прощены вам грехи ради имени Его. Пишу вам, отцы, потому что вы познали Сущего от начала. Пишу вам, юноши, потому что вы победили лукавого. Пишу вам, отроки, потому что вы познали Отца. Я написал вам, отцы, потому что вы познали Безначального. Я написал вам, юноши, потому что вы сильны, и слово Божие пребывает в вас, и вы победили лукавого» (ст. 12-14).

Когда человек, не знавший Бога, принимает Иисуса Христа и получает прощение грехов, он обретает Святого Духа и право называться чадом Божьим. Это означает, что он стал подобен новорожденному.

Чем старше становится младенец, тем больше и больше, он узнает маму и папу, вместе с этим он способен познавать и волю Божью. Но дети не могут еще по-настоящему применять Слово на практике. Так же, как и несмышленый ребенок, любящий маму и папу, все же не может до конца понять сердце своих родителей.

Как только время духовного детства проходит, наступает период отрочества, когда подросток способен вооружить себя Словом и молитвами. Он знает, что такое грех, и понимает волю Божью. Подростки полны энергии, у них есть собственное и, часто, весьма твердое мнение. Хотя они склонны к совершению ошибок, в них все же есть уверенность и движущая сила, необходимые для достижения цели.

Духовные отроки любят Бога и имеют сильную веру, поэтому не терпят бессмысленности мира. Они исполненны Духа, связывают свои надежды с Небесным Царством и борятся против грехов мира.

Они обладают достаточной силой и храбростью, чтобы сопротивляться испытаниям соблазнами. Слово Божье обитает в них, и благодаря этому они могут выйти победителями в борьбе с врагом дьяволом и окружающим миром.

Со временем отроки повзрослеют и станут похожими на отцов. Основываясь на собственном опыте, они, принимая решения, могут продумывать все аспекты, нужным образом разбираясь в каждой ситуации. Они также обретают мудрость, время от времени склоняя в смирении свою голову.

Многие люди говорят, что стали понимать сердце своих родителей только после того, как заимели собственных детей. Точно так же и мы, только тогда сможем осознать кто есть Бог, когда станем духовными отцами, поймем Божье провидение и обретем веру более высокого уровня.

Отец, в духовном смысле, – это человек, находящийся на уровне понимания кто есть Бог и других тайн духовной сферы, включая создание неба и земли. Поскольку он знает сердце и волю Божью, он может покориться в точном соответствии с Божьим сердцем, и, следовательно, получит любовь и благословения от Господа. Он может получить самые разные благословения, включая здоровье, известность, власть, благосостояние, родительское счастье.

БЛАГОСЛОВЕНИЕ БЫТЬ ДУХОВНО УДОВЛЕТВОРЕННЫМ

После того как мы были рождены заново, в качестве детей Божьих, и достигли уровня, на котором можем принимать настоящую пищу и питье, мы можем расти в духе и входить в духовную сферу. По мере углубления в нее, нам становится проще управлять врагом - дьяволом и сатаной, и мы в состоянии понять всю глубину сердца Бога

Отца.

Мы можем общаться с Богом вне всякого сомнения, Святой Дух будет направлять нас всегда, и мы будем преуспевать во всем. Жизнь в общении с Богом через полноту Духа Святого приносит удовлетворение, и это благословение, которое дается алчущим и жаждущим праведности.

Как говорится в Евангелии от Матфея (5:6): *«Блаженны алчущие и жаждущие правды, ибо они насытятся»;* нет причин подвергать тестам и испытаниям имеющих счастье быть удовлетворенными.

Если мы имеем подобное водительство Духа Святого, мы обретем силу распознавать грех и зло и избавляться от них, что будет приближать нас к освященности. По мере очищения от грехов бывает не просто обнаружить вещи, глубоко зарытые в нашем сердце, - не явные прегрешения, совершаемые нами в нашей христианской жизни, которые кажутся не столь и значимыми.

В этой ситуации, если Дух Святой изольет свой свет на нас, мы сможем понять и сделать то, что должны. И это поднимет нас на более высокий уровень веры.

И еще. Хотя мы не грешим и поступаем по Истине,

но, оказавшись в той или иной ситуации, затрудняемся в выборе пути, который бы удовлетворил Господа. В этом случае, если мы, благодаря работе Духа Святого, познаем, как угодить Богу, и будем следовать этому, наша душа будет процветать еще больше.

ВАЖНОСТЬ ИСТИННОЙ ПИЩИ И ИСТИННОГО ПИТЬЯ

Имея сотни тысяч долларов долга, один верующий впал в глубокое отчаяние. Но затем он решил прийти к Богу и положиться только на него. Веря, он держался Господа и хранил надежду до последнего; он начал молиться и слушать Слово Божье с жаждущим сердцем.

Он слушал кассеты с записями проповедей по пути на работу, читал, как минимум, одну главу из Библии и каждый день выучивал на память один библейский стих. Затем он вспоминал Слово Божье в течение дня и следовал ему.

Однако это не означает, что дверь благословений распахнулась перед ним немедленно. Поскольку он искренне искал воли Божьей и страстно молился, его вера росла. Его душа процветала, и благословения снизошли на его бизнес. Вскоре он смог отдать долг, измеряемый сотнями тысяч долларов. Сдаваемые им десятины до сих пор возрастают.

Так и мы, можем достичь праведности, если, испытывая настоящий голод и жажду по ней, уподобляемся тем, кто, желая есть и пить, ищет еду и воду. И в результате Бог благословит нас здоровьем и достатком. Мы получим полноту и вдохновение от Духа Святого и будем иметь общение с Богом. И мы в полной мере достигнем Царства Небесного.

«Как часто в течение дня мы думаем о Боге, читаем Его Слово и молимся?».
«Насколько искренни наши молитвы и попытки применять Слово Божье на практике?».

Давайте контролировать себя в этом плане и в плане голода и жажды по праведности до тех пор, пока Господь не возвратится, и тогда Бог Отец благословит нас духовной удовлетворенностью.

И наконец мы сможем иметь глубокое общение с Богом, Он приведет нас к процветанию, и, что еще важнее, мы обретем достойное положение в Небесном Царстве.

«Блаженны милостивые,
ибо они помилованы будут»

От Матфея, 5:7

«Блаженны милостивые,
ибо они помилованы будут».

Персонаж романа *«Отверженные»* Жан Вальжан был осужден на 19 лет каторги только за то, что украл ломоть хлеба. После того как его освободили, епископ дал ему еду и жилье, но он украл у него шесть серебряных столовых приборов и сбежал. Жандармы поймали его и привели назад к епископу.

Чтобы спасти жизнь Жана Вальжана, добрый пастырь сказал, что сам отдал ему серебро, и чтобы рассеять все сомнения, он вынес два серебряных подсвечника, которые якобы забыл Вальжан, и спросил, почему он их не забрал.

Благодаря случившемуся, Жан Вальжан узнал об истинной любви, прощении, и у него началась новая жизнь. Однако инспектор Жаверт всю жизнь преследовал Вальжана и создал ему немало проблем. Тот же спас инспектора от смертельной пули. Вальжан сказал, что на свете есть множество вещей, являющихся огромными, к примеру, море и небо, но прощение – это нечто большее.

ИМЕТЬ МИЛОСТЬ К ДРУГИМ

Если мы милостиво прощаем других, это тронет их сердца, и они могут измениться. Что означает быть милостивым?

Это означает обладать сердцем, способным все прощать, молиться и с любовью наставлять даже тех, кто грешит или вредит лично вам. Это напоминает благость, являющуюся одним из плодов Духа Святого, о которых говорится в 5-й главе Послания к Галатам, но здесь она имеет более глубокий смысл.

Благость – это такое чувство, когда сердце исполнено только добротой, в нем нет никакого зла; это такое сердце, какое было у Иисуса, никогда не ссорившегося и не повышавшего голос.

«Не воспрекословит, не возопиет, и никто не услышит на улицах голоса Его; трости надломленной не переломит и льна курящегося не угасит, доколе не доставит суду победы» (От Матфея, 12:19-20).

«Трости надломленной не переломит» означает, что Господь не наказывает сразу даже тех, кто совершает злые поступки. Он терпит до тех пор, пока человек не придет к спасению. К примеру, Иисус знал, что Иуда Искариот предаст Его в будущем, но Он до последнего наставлял Иуду с любовью, желая, чтобы тот все понял сам.

«Льна курящегося не угасит» означает, что Господь не оставляет детей Своих в одночасье, даже если они живут не по Истине. Хотя мы, не будучи совершенными, можем согрешить, Господь через Духа Святого дает нам понять это и терпит нас до тех пор, пока мы не будем в состоянии измениться и жить по Истине.

Милость – это способность так же, как это делает Господь, понимать и прощать других, направлять их на путь истинный, причем делать это даже тогда, когда кто-то беспричинно замышляет злое против нас. Это способность не смотреть на вещи только собственными глазами или с позиции собственной выгоды, а войти в положение другого, понять его и показать ему свое сочувствие.

ИИСУС ПРОСТИЛ ПРЕЛЮБОДЕЙКУ

Фарисеи и книжники, как написано в главе 8-й Евангелия от Иоанна, привели к Иисусу женщину, «взятую в прелюбодеянии». Искушая Его, они спросили: *«А Моисей в законе заповедал нам побивать таких камнями: Ты что скажешь?»* (ст. 5). Только представьте себе эту ситуацию: женщина, совершившая прелюбодеяние, должно быть, вся дрожала, стыдясь того, что о ее грехе узнали все, боялась смерти.

Книжники и фарисеи, одержимые злостью, совсем не обращали внимания на запуганную женщину. Больше всего они были горды тем, что сумели «поймать в ловушку» Иисуса. Некоторые из тех, кто наблюдал за этой сценой, зная закон, сразу осудили женщину и, скорее всего, уже взяли в руки камни.

Что же сделал Иисус? Он, *«наклонившись низко,*

писал перстом на земле». То, что он писал, были грехи, свойственные тем, кто присутствовал при этой сцене. Затем он поднялся и сказал: *«Кто из вас без греха, первый брось на нее камень»* (ст. 7).

Иудеи, вспомнив свои собственные грехи и устыдившись, один за другим стали уходить. В итоге остались только Иисус и женщина. Иисус простил ее и сказал: *«И Я не осуждаю тебя; иди и впредь не греши»* (ст. 11). Этот миг женщина, вероятно, помнила до конца своих дней. С того времени она, должно быть, больше не грешила.

Милость может быть проявлена в различных формах и разделена на различные категории: милость прощения, милость наказания и милость спасения.

БЕЗГРАНИЧНАЯ МИЛОСТЬ СПАСЕНИЯ

Те, кто приняли Иисуса Христа как своего Спасителя, уже получили безграничную милость Господа. Без Божьей милости мы обречены на вечные страдания в аду за наши грехи.

Однако Иисус пролил свою кровь на кресте, чтобы искупить человечество от грехов. Если мы верим в это, то получаем прощение и спасение безвозмездно. И это - милость Божья.

И сейчас Бог очень хочет, чтобы как можно больше душ встало на путь спасения; Его сердце точно так же, как у каждого родителя, испытывает тревогу за детей, ушедших из дома, и ждет их возвращения.

Если даже кто-то нанес сильную обиду Богу, но, покаявшись, вернется к Нему, Бог не будет попрекать его, говоря: «Почему ты Меня так сильно разочаровал? Почему ты совершил так много грехов?». Бог просто с любовью примет его в Свои объятия.

«Тогда придите, и рассудим, говорит Господь. Если будут грехи ваши, как багряное, - как снег убелю; если будут красны, как пурпур, - как волну убелю» (Кн. пророка Исаии, 1:18).
«Как далеко восток от запада, так удалил Он от нас беззакония наши» (Псалом, 102:12).

Если кто-либо совершил недостойный поступок, но раскаялся и обратился вспять, то милостивые люди не будут напоминать ему о прошлых ошибках, думая: «Вот раньше он вел себя так неправильно». Они не будут его сторониться или презирать, а простят ему. Они будут поддерживать его и помогать ему добиться больших успехов.

ПРИТЧА О РАБЕ, КОТОРОМУ ПРОСТИЛИСЬ ДЕСЯТЬ ТЫСЯЧ ТАЛАНТОВ

Однажды Петр задал Иисусу вопрос о прощении: *«Господи! сколько раз прощать брату моему, согрешающему против меня? до семи ли раз?»* (От Матфея, 18:21). Петр думал, что прощать до семи раз очень великодушно. Иисус ответил ему: *«Не говорю тебе: «до семи», но до седмижды семидесяти раз»* (От Матфея, 18:22).

Это не означает, что мы должны прощать семьдесят раз, помноженные на семь, что равно 490. Семь – это число совершенства. «До седмижды семидесяти раз» означает, что мы должны прощать бесконечное количество раз, причем прощать полностью. Иисус учил милосердию и прощению, рассказав притчу.

У царя было множество рабов. Один из рабов должен был царю десять тысяч талантов, но не мог возвратить. Один талант в то время был равен 6.000 динариев. Это эквивалентно зарплате, заработанной за 6.000 дней, что приблизительно соответствует оплате труда рабочего человека за 16 лет.

Представьте, что за день средний рабочий зарабатывает 50.000 вон, или примерно 50 долларов США. Один талант

– это где-то 300.000.000 вон, что равно примерно 300.000 долларов США. Десять тысяч талантов – это 3 триллиона вон, или 3 миллиарда долларов США. Откуда раб мог взять такие деньги?

Царь приказал ему продать свою жену, детей и все, что он имел, и вернуть долг. Раб склонился перед царем и стал умолять его, говоря: *«Потерпи на мне, и все тебе заплачу»* (От Матфея, 18:26). Царь смилостивился над рабом и отпустил его, простив ему долг.

Этот раб, которому был прощен столь огромный долг, встретил одного из своих товарищей, который должен был ему 100 динариев. Динарий - серебряная монета Римской империи, равная дневному заработку одного человека. Если мы предположим, что за день обычный труженик зарабатывает 50.000 вон, то общая сумма, которую одолжил тот раб своему другу, равнялась лишь 5-ти миллионам вон, или примерно 5.000 долларов США. Эта сумма была намного меньше по сравнению с десятью тысячами талантов. Однако раб, которому простился его долг, схватил товарища и стал душить его, говоря: «Отдай мне, что должен» (ст. 28). И, даже несмотря на мольбы о милости, он посадил товарища в темницу.

Когда государь узнал об этом, он очень разгневался и, сказав: *«Злой раб! весь долг тот я простил тебе, потому что ты упросил меня. Не надлежало ли и тебе помиловать товарища твоего, как и я помиловал тебя?»* (От Матфея, 18:32-33), - отправил его тоже в темницу.

То же происходит и с нами. Мы, обреченные на погибель, не понеся никакого наказания за свои грехи, были прощены любовью Иисуса Христа. При этом сами не прощаем другим даже маленьких просчетов, судим и обвиняем их. Какое это зло!

ИМЕТЬ ШИРОКОЕ СЕРДЦЕ, ПРОЩАЮЩЕЕ ДРУГИХ

Если кто-то становится причиной наших лишений, мы не должны испытывать к ним неприязнь, избегать их. Наоборот, надо постараться понять и полюбить их. Тогда мы сможем иметь широкое любящее сердце.

Имея милость, мы не будем ненавидеть или враждовать. И даже если другие люди будут совершать поступки, неправильные в глазах Бога, вместо того чтобы сразу наказывать их, мы в первую очередь должны с любовью дать им совет.

Однако некоторые, наставляя, показывают свое негативное отношение к оступившемуся человеку и своими советами только обижают его. В этом случае наставление делается не из любви. Даже если цитируются слова Истины, но делается это без любви, то работы Духа Святого не будет, а значит, не получится изменить сердце другого человека.

В 1-м послании Петра, 2:18, дается совет, как поступить, если руководитель не справедлив по отношению к подчиненному: *«Слуги, со всяким страхом повинуйтесь господам, не только добрым и кротким, но и суровым».* Следовательно, мы должны повиноваться со смирением и молиться за них с любовью.

Но, в то же время, руководители не должны сразу же укорять подчиненных за их ошибки, или же, во избежание конфликта, вовсе не обращать на них внимания. Начальник должен уметь находить слова, учить подчиненных правильным действиям. Это тоже вид милости.

Когда старшие по должности заботятся о подчиненных с любовью и милостью и направляют их в благости, они помогают им измениться. За это руководители получат свою награду, поскольку они исполнили свой долг, направляя тех, кто был им доверен. Независимо от того, с какой ситуацией мы сталкиваемся, мы должны быть способны понимать других. Мы должны молиться за них, наставлять их с любовью и готовностью на самопожертвование. Обладая именно таким чувством любви, мы имеем право даже наказывать тех, кто встал на неправильный путь, чтобы привести их к Истине.

МИЛОСТЬ НАКАЗАНИЯ С ЛЮБОВЬЮ

Наряду с милостью прощения есть еще и милость наказания. То есть в зависимости от ситуации милость может проявляться и в форме наказания. Милость наказания не совершается с ненавистью или осуждением. Она происходит от любви.

«"Ибо Господь, кого любит, того наказывает; бьет же всякого сына, которого принимает". Если вы терпите наказание, то Бог поступает с вами, как с сынами. Ибо есть ли какой сын, которого бы не наказывал отец? Если же остаетесь без наказания, которое всем обще, то вы - незаконные дети, а не сыны» (Посл. к Евреям, 12:6-8).

Бог, любя Своих детей, иногда допускает их наказание. Так, Бог помогает им отвернуться от греха и поступать в согласии с Истиной.

Представьте, что ваш ребенок что-то украл. Воспитывать ребенка – это тоже проявление любви, поэтому вряд ли найдутся родители, которые сразу же начнут бить ребенка хлыстом за первую же его провинность. Если дите со слезами на глазах, от всего сердца раскается в содеянном, то мама с папой, скорее всего, тепло обнимут его и скажут: «На этот раз мы прощаем тебя. Никогда этого больше не делай».

Но если дети, раскаявшись и пообещав не повторять подобного, тем не менее продолжают вести себя так же, что тогда должны делать родители?

Они должны старательно наставлять их. Если дети не послушаются, то, как бы это не было тяжело, родители должны взять в руки хлыст с тем, чтобы это навсегда запомнилось ребенку. Любя своих детей, родители наказывают их, чтобы остановить их прежде, чем они пойдут по плохому пути.

КОГДА ДЕТИ СОВЕРШАЮТ ГРЕШНЫЕ ПОСТУПКИ

Вор, представший перед судом, попросил разрешения властей до начала заседания увидеться со своей матерью. Когда он встретился с ней, то, плача, заявил, что это она виновата в том, что он стал вором. Он сказал, что превратился в вора, потому что мать не наказала его тогда, когда он впервые в детстве что-то украл.

Когда у родителей спрашивают, почему они не наказывают детей за проступки, большинство из них объясняет это своей любовью к ним. Однако в Притчах, 13:24, говорится: *«Кто жалеет розги своей, тот ненавидит сына; а кто любит, тот с детства наказывает его»*.

Если мы только и делаем, что твердим: «Ах, мой дорогой ребеночек», то все его грехи кажутся нам милыми шалостями. Из-за такого рода плотской привязанности многие люди не видят различия между тем, что хорошо и что плохо, выносят ошибочные суждения.

Когда дети достаточно долгое время ведут себя непристойно, то родители часто перестают даже делать им замечания и мирятся с ситуацией. От этого поведение ребенка только ухудшается, и он становится неуправляемым.

К примеру, в Первой книге Царств, в главе 2-й, рассказывается о двух сыновьях священника Илии - Офни и Финеесе. Они спали с женщинами, собиравшимися у входа в скинию собрания, но Илий лишь сказал им: *«Нет, дети мои, не хороша молва, которую я слышу: вы развращаете народ Господень»* (ст. 24). Двое же сыновей продолжали грешить и их постигла бесславная смерть.

Если бы Илий более сурово предостерегал их, наставлял их, как это должно было делать священнику, они бы не зашли так далеко на своем грешном пути. Поскольку отец не воспитывал их по-настоящему, как положено, они зашли так далеко, что возврата уже не было.

В наказании, в котором нет любви, нет и милости. Представьте, что ребенок одного из ваших соседей что-то у вас украл. Как бы вы поступили? Те, в ком есть доброта, проявили бы милость к нему и, если бы ребенок принес свои искренние извинения, простили бы его. Но те, кто лишен доброты, лишь разозлятся, будут бранить его и требовать наказания, как бы тот ни просил прощения. К тому же они будут всем рассказывать об этом, помнить о происшествии долгое время, выработают предубеждение против этого ребенка.

Такого рода наказание продиктовано ненавистью, и, следовательно, в нем нет милости. Оно не может никого изменить.

Наказывая человека, мы должны делать это с любовью, принимая во внимание его точку зрения и учитывая будущие последствия. Тогда это будет наказанием из милости.

КОГДА ГРЕШАТ БРАТЬЯ ПО ВЕРЕ

Когда братья по вере грешат, Библия подробно говорит о том, что делать в этом случае.

«Если же согрешит против тебя брат твой, пойди и обличи его между тобою и им одним: если послушает тебя, то приобрел ты брата твоего; если же не послушает, возьми с собою еще одного или двух, дабы устами двух или трех свидетелей подтвердилось всякое слово. Если же не послушает их, скажи церкви; а если и церкви не послушает, то да будет он тебе, как язычник и мытарь» (От Матфея, 18:15-17).

Когда мы видим пороки брата по вере, мы не должны рассказывать об этом другим. Во-первых, мы должны поговорить с ним лично, чтобы он мог отвратиться от греха. Если он не послушается, чтобы вернуть его на путь истинный, вам следует пригласить его к разговору вместе с лидерами церкви.

Но если и это не будет услышано, тогда нужно сказать руководителям церкви, чтобы они направили его на путь спасения. Если же он не прислушается даже к руководителям церкви, тогда, согласно Библии, его можно считать неверующим. Мы не должны судить или обвинять даже тех, кто совершает серьезные прегрешения. Только если мы любим и проявляем милость, то и сами можем рассчитывать на милость Божью.

МИЛОСТЬ В БЛАГОТВОРИТЕЛЬНЫХ ДЕЛАХ

Заботиться о нуждающихся и проявлять к ним милосердие – качества, закономерные для детей Божьих. Когда братья по вере страдают, а мы просто сочувствуем, но ничего не делаем, нас нельзя назвать милостивыми. Быть милостивыми в Божьих глазах означает делиться с нуждающимися братьями по вере тем, что у нас есть.

В Послании Иакова, 2:15-16, мы читаем: *«Если брат или сестра наги и не имеют дневного пропитания, а кто-нибудь из вас скажет им: "идите с миром, грейтесь и питайтесь", но не даст им потребного для тела: что пользы?».*

Некоторые могут сказать: «Я, правда, хотел бы что-то сделать, но мне нечего дать, чтобы помочь им». Много ли найдется родителей, которые будут просто смотреть на своих голодающих детей и ничего не делать, ссылаясь на свои финансовые трудности? Аналогично тому, как бы мы поступили по отношению к собственным детям, мы должны быть готовы предпринять что-то и для наших братьев по вере.

ТЕ, КТО НАКАЗАН ЗА СВОИ ГРЕХИ

Проявляя милость и помогая нуждающимся, мы должны кое-что помнить. Не следует помогать тем, кто попал в трудное положение, потому что грешил против Бога. В противном случае мы навлечем на себя проблемы.

Во времена правления израильского царя Иеровоама жил пророк Иона. В Книге пророка Ионы, рассказывается о людях, попавших в затруднительное положение из-за того, что Иона ослушался Бога.

Однажды Бог сказал Ионе пойти в город Ниневия - столицу государства, враждебного Израилю, и рассказать им о том, что Бог предостерегает их: город погряз в злодеяниях, и Бог хочет разрушить Ниневию. Иона знал, что если бы люди в Ниневии услышали предостережение Бога и покаялись, то это спасло бы город от разрушения. Он знал Божье сердце, исполненное безграничной милостью и любовью. Подобное произошло и с враждебной Израилю Ассирией, также получившей предупреждение. Однако Иона ослушался слова Господнего и сел на корабль, отправлявшийся в Фарсис.

Тогда Господь наслал сильный шторм, и люди на корабле вынуждены были выбрасывать все за борт, терпя огромный ущерб. Наконец они узнали, что все это случилось из-за непослушания Ионы Господу. Они узнали от самого Ионы, что шторм прекратится, если они бросят его в море, но не смогли сделать этого из милости к нему. Они мучались до последнего, но все-таки вынуждены были бросить его за борт.

Из этого примера следует извлечь урок: проявляя милость, нужно быть мудрым. Нам следует понять, что, помогая тем, чьи проблемы являются Божьим наказанием, мы тоже навлекаем на себя трудности.

Скажем, в ситуации, когда человек вполне здоров, но не работает из-за собственной лени, не стоит ему помогать. То же самое относится и к тем, кто имеет обыкновение просить о помощи людей, хотя сами в состоянии зарабатывать.

Помогать таким людям - значит содействовать в том, чтобы они стали еще более ленивыми и ни к чему неприспособленными. Если мы будем проявлять милость, не оправданную в глазах Бога, то сами лишимся благословений.

Таким образом, не стоит безоговорочно помогать всем, кто оказался в трудном положении. Необходимо разобраться в каждом конкретном случае с тем, чтобы, помогая другим, самим не попасть в тяжелое положение.

ПРОЯВЛЯТЬ МИЛОСТЬ К НЕВЕРУЮЩИМ

Важно то, чтобы мы проявляли милость не только к братьям по вере, но и к неверующим.

Большинство людей хотят иметь дружеские отношения с благополучными, известными персонами, при этом свысока смотрят на невезучего человека и не хотят с ним сближаться. Ради прежней дружбы они могут поддержать неудачника один-другой раз, но вряд ли это продлится долго. Но мы не должны смотреть свысока на людей или презирать кого-либо. Правильнее почитать других выше себя и относиться ко всем с любовью.

Есть люди, чьи сердца исполнены милосердием настолько, что они не пройдут мимо трудностей других людей. А есть и такие, кто неохотно помогает ближним, делая это, в основном, напоказ. Бог же видит сердце каждого человека. Он говорит, что милость – это умение помогать другим с любовью. Он благословляет тех, кто проявляет истинную милость.

БЛАГОСЛОВЕНИЯ ДЛЯ ТЕХ, КТО МИЛОСТИВ

Как Бог благословляет тех, кто милостив? В Евангелии от Матфея, 5:7, говорится: «*Блаженны милостивые, ибо они помилованы будут».*

Если мы умеем прощать и проявлять милосердие даже к тем, кто причинил нам неприятности, стал причиной наших страданий, то и к нам Господь проявит милосердие, даст нам шанс получить прощение, если мы неумышленно нанесем ущерб кому-либо.

Слова из молитвы «Отче наш»: *«И прости нам долги наши, как и мы прощаем должникам нашим»* (От Матфея, 6:12). напоминают, что мы можем обрести Божью милость, если сами милостивы.

Во времена ранней церкви жила ученица по имени Тавифа (Деяния, 9:36-42). Верующие из Иерусалима вынуждены были скрываться из-за жестоких преследований. Некоторые из них осели в портовом городе Иопии. Этот город, где жила Тавифа, стал одним из христианских центров. Она помогала бедным и нуждающимся. Но однажды она заболела и умерла.

Те, кому она помогала, послали людей к Петру с просьбой оживить ее. Они показали Петру все рубашки и платья, которые она сшила, пока была с ними, рассказали о ее добрых делах.

В итоге, по молитве Петра, Тавифа испытала

удивительную силу Божью, способную воскресить из мертвых. Бог благословил ее по милости своей и продлил ей жизнь. Если мы проявляем милосердие к бедным и больным, Господь благословляет нас здоровьем и достатком.

Из-за нищеты и болезней, которым не было конца, я пережил тяжелую юность. Пройдя через это, я стал понимать сердца тех, кто испытывает трудности.

Вот уже тридцать лет прошло с тех пор, как я был исцелен благодаря Силе Божьей и живу, не страдая никакими болезнями. Но тем не менее я не потерял любви и сострадания к тем, кто болен и беден, кем пренебрегают и кого покинули.

Всегда, еще прежде, чем была открыта церковь «Манмин», и теперь тоже мне хочется протянуть руку тем, кто в этом нуждается. У меня не было таких мыслей, как: «Я помогу им потом, когда разбогатею». Я просто помогал, независимо от того, много у меня возможностей было для этого или мало. Мои действия были угодны Богу, и Он настолько щедро благословил меня, что я могу делать большие пожертвования на миссию Всемирной Евангелизации для достижения Царства Небесного. Поскольку семена милосердия я сеял для других, то Бог позволил мне собирать урожай.

Если мы проявляем милосердие к другим, Господь и нам прощает наши прегрешения. Благодаря Ему мы ни в чем не будем нуждаться и здоровье придет на смену нашему бессилию. Это - милость, которую мы можем получить от Господа, будучи сами милостивыми к другим.

В Евангелии от Иоанна, 13:34, говорится: «*Заповедь новую даю вам, да любите друг друга; как Я возлюбил вас, [так] и вы да любите друг друга*». Давайте проявлять милость к людям, принося в их жизнь утешение. Тогда мы сами будем наслаждаться жизнью с избытком и Божьими благословениями.

«Блаженны чистые сердцем, ибо они Бога узрят»

От Матфея, 5:8

«Блаженны чистые сердцем,
ибо они Бога узрят».

«Первое, что я ощутил, высадившись на Луне, – это чудное Божественное присутствие и Его творение», - так сказал Джеймс Ирвин, который входил в состав экспедиции «Аполлон-15» в 1971 году. Эти известные слова облетели весь мир и тронули сердца многих людей. А когда Ирвин выступал с лекцией в Венгрии, один из студентов спросил его: «Почему никто из советских космонавтов не говорил, что видел Бога, а вы утверждаете, что ощутили Его присутствие во Вселенной, и воздаете Ему хвалу?».

Ответ Ирвина был настолько ясным, что не вызвал никаких дальнейших диспутов: «Чистые сердцем Бога узрят». Он пробыл на Луне 18 часов и, говорят, смотря на созданные Богом Землю и Вселенную, повторял слова из 8-го Псалма:

«Господи, Боже наш!
как величественно имя Твое по всей земле!
Слава Твоя простирается превыше небес! ...
Когда взираю я на небеса Твои, -
дело Твоих перстов, на луну и звезды,
которые Ты поставил...
Господи, Боже наш!
Как величественно имя Твое по всей земле!».

СЕРДЦЕ, ЧИСТОЕ ПРЕД БОГОМ

Под «чистым» мы понимаем нечто, свободное от пыли, грязи и других нежелательных примесей. А в библейском понимании слово «чистота» означает не просто внешне хорошие манеры, сформировавшиеся благодаря знаниям и образованию, оно значит, что сердце у человека - непорочное и освященное.

В главе 15-й Евангелия от Матфея рассказывается о том, как книжники и фарисеи пришли к Иисусу, когда он проповедовал в Галилее. Книжники и фарисеи были специалистами в области обучения Закона Моисеева и сами строго придерживались его. Они также хранили предания старцев, которые в деталях объясняли, как правильно исполнять Закон. Эти предания передавались из поколения в поколение.

Фарисеи и книжники упражнялись в умении владеть собой, вели аскетический образ жизни и поэтому были уверены в собственной святости. Но их сердца были наполнены злобой. Когда они обиделись на слова Иисуса, они пытались убить Его.

Одно из преданий старцев, узаконенных фарисеями и книжниками, утверждало, что есть, не умывая рук, значит быть нечистым. Когда они увидели учеников Иисуса, которые ели, не помыв руки, они, возражая против этого, спросили Иисуса: *«Зачем ученики Твои преступают предание старцев?»* (ст. 2). На что Иисус сказал: *«Не то, что входит в уста, оскверняет человека; но то, что выходит из уст, оскверняет человека»* (ст. 11).

«А исходящее из уст - из сердца исходит; сие оскверняет человека; ибо из сердца исходят злые помыслы, убийства, прелюбодеяния, любодеяния, кражи, лжесвидетельства, хуления - это оскверняет человека; а есть неумытыми руками — не оскверняет человека» (От Матфея, 15:18-20).

Иисус, укорял их, сравнивая с «окрашенными гробами» (От Матфея, 23:27). Пещеры в Израиле были местом для погребения умерших. Обычно вход в них красили белой известью. Однако, как не украшай гробницу, она остается местом, где лежат трупы, и внутри нее - лишь разложение и зловоние.

Бог хочет, чтобы красивым был не только фасад, но и то, что внутри нас, наше сердце. Поэтому, когда Господь благословил пастуха Давида на царство в Израиле, Он сказал: *«[Я смотрю не так], как смотрит человек; ибо человек смотрит на лице, а Господь смотрит на сердце»* (1-я кн. Царств, 16:7).

НАСКОЛЬКО ЧИСТ Я СЕРДЦЕМ СВОИМ?

Когда мы проповедуем Евангелие, то часто слышим такие слова: «Я никому не делаю плохого, я живу правильной жизнью, так что я могу попасть на Небеса». Они полагают, что, даже если они и не верят в Иисуса Христа, они могут попасть на Небеса, потому что у них доброе сердце и они не совершали грешных поступков.

Однако в Послании к Римлянам сказано: *«Нет праведного ни одного».* Независимо от того, насколько сам человек считает себя праведным и хорошим, он найдет в себе много грехов и несправедливости, если посмотрит на себя в зеркале Слова Божьего, являющегося Истиной. Некоторые утверждают, что у них нет грехов, так как они никому не приносят вреда, не нарушают закон.

Несмотря на то, что они, к примеру, ненавидят кого-то, они все же считают себя безгрешными, потому что не наносят физического вреда другому человеку. Однако Господь говорит, что иметь злые помышления в сердце своем – это тоже грех:

«Всякий, ненавидящий брата своего, есть человекоубийца; а вы знаете, что никакой человекоубийца не имеет жизни вечной, в нем пребывающей» (1-е посл. Иоанна, 3:15).

«А Я говорю вам, что всякий, кто смотрит на женщину с вожделением, уже прелюбодействовал с нею в сердце своем» (От Матфея, 5:28).

Сердце человека не чисто, если в нем есть такие помышления, как ненависть, прелюбодеяние, эгоизм, высокомерие, лживость, ревность, пусть даже они и не проявляются в действиях. Те, кто чист сердцем, не станет проявлять интереса к бессмысленным вещам: он будет строго, с неизменным сердцем придерживаться одного пути.

ДЕЛА РУФИ, ЖЕНЩИНЫ С ЧИСТЫМ СЕРДЦЕМ

Руфь, женщина-язычница, стала вдовой в раннем возрасте, и у нее не было детей. Она не покинула мать своего мужа и осталась с ней в трудный час. Ее свекрови не на кого было надеяться, но тем не менее она сказала Руфи, для ее же блага, вернуться назад, к своей семье. Однако Руфь не смогла оставить свою свекровь.

«Но Руфь сказала: не принуждай меня оставить тебя и возвратиться от тебя; но куда ты пойдешь, туда и я пойду, и где ты жить будешь, там и я буду жить; народ твой будет моим народом, и твой Бог моим Богом; и где ты умрешь, там и я умру и

погребена буду. Пусть то и то сделает мне Господь, и еще больше сделает; смерть одна разлучит меня с тобою» (Книга Руфь, 1:16-17).

В этом признании Руфи содержится любовь и большое желание служить матери своего мужа всю свою жизнь. Родной город свекрови находился в Израиле – стране, не знакомой для Руфи. Там у них не было ни дома, ничего. Но Руфь не думала об этом, она сделала выбор - не оставлять одинокую свекровь. Руфь ни разу не пожалела о своем решении и с неизменным сердцем исполняла свои обязанности. Она смогла пожертвовать собой и служить матери своего умершего мужа. Впоследствии Руфь встретила богатого мужчину по имени Вооз, который к тому же, если судить по обычаям Израиля, был человеком порядочным, и они построили счастливую семью. Она стала прабабушкой царя Давида, и ее имя даже было вписано в родословную Иисуса.

БЛАГОСЛОВЕНИЯ ДЛЯ ТЕХ, КТО ЧИСТ СЕРДЦЕМ

Какие благословения уготованы тем, кто чист сердцем? В Евангелии от Матфея обещано: *«Блаженны чистые сердцем, ибо они Бога узрят».*

Быть с теми, кто дорог нам, всегда радостно. Господь

– Отец нашего духа, и Он любит нас гораздо больше, чем мы сами любим себя. Если мы можем видеть Бога, лицом к лицу, пребывать с Ним, то радость от этого не сравнится ни с чем.

Кто-то может спросить: «Как человек может видеть Бога?». В Книге Судей, 13:22, есть такие слова: *«И сказал Маной жене своей: верно, мы умрем; ибо видели мы Бога».* В Евангелии от Иоанна, 1:18, мы читаем: *«Бога не видел никто никогда».* В Библии мы находим много мест, где говорится, что люди не могли видеть Бога, но если увидели, значит, скоро умрут.

Однако в Исходе, 33:11, сказано: *«И говорил Господь с Моисеем лицем к лицу, как бы говорил кто с другом своим».* Когда израильтяне после Исхода подошли к горе Синай, куда пришел Бог, они боялись приблизиться к горе из страха умереть, но Моисей мог видеть Его (Исход, 20:18-19).

К тому же в Бытии, 5:21-24, рассказывается о Енохе, ходившем пред Богом:

«Енох жил шестьдесят пять лет и родил Мафусала. И ходил Енох пред Богом, по рождении Мафусала, триста лет, и родил сынов и дочерей. Всех же дней Еноха было триста шестьдесят пять лет. И ходил

Енох пред Богом; и не стало его, потому что Бог взял его».

«Ходил пред Богом» не значит, что Сам Господь спустился на землю и ходил с Енохом. Это означает, что Енох всегда проводил время в общении с Богом и все в его жизни контролировалось Господом.

Мы должны понять, что «ходить вместе» и «быть вместе» - это две принципиально разные вещи. Под «быть вместе с Богом» подразумевается, что Его ангелы хранят нас. Когда мы стараемся жить по Слову, Бог дает нам Свою защиту, но Он будет «ходить с нами», если мы полностью освящены. Итак, зная, что Енох «ходил пред Богом» триста лет, мы можем понять, насколько Бог любил его.

БЛАГОСЛОВЕНИЕ ВИДЕТЬ БОГА

Почему одним людям не дано видеть Бога, тогда как другие могут общаться с ним лицом к лицу и даже «ходить пред ним»?

В Третьем послании Иоанна, 1:11, говорится: *«Возлюбленный! не подражай злу, но добру. Кто делает добро, тот от Бога; а делающий зло не видел Бога».* То есть те, кто чист сердцем, могут видеть Бога, а чье сердце исполнено злом, а потому не чисто, Бога не увидят.

Мы можем убедиться в этом на примере Стефана, ставшего мучеником, проповедуя Евангелие во времена ранней церкви. Из главы 7-й Деяний Апостолов мы узнаем о том, что Стефан проповедовал Благую Весть об Иисусе Христе и молился даже о тех, кто побивал его камнями. Это показывает до какой степени он был чист и не имел греха в сердце. Вот почему он мог видеть Господа, стоявшего одесную Бога.

Тех, кто может видеть Бога и чист сердцем, ждут лучшие обители на Небесах, в Третьем Царстве Небесном или выше. Они будут видеть Бога вблизи и будут вечно наслаждаться счастьем.

Однако те, кто окажутся в Первом и во Втором Небесном Царстве, при всем желании не смогут увидеть Бога близко, поскольку духовный свет, излучаемый ими, и место их обитания зависят от уровня их освященности.

КАК СТАТЬ ЧИСТЫМ СЕРДЦЕМ

Святый и совершенный Бог хочет, чтобы мы тоже были совершенными и чистыми не только в своих поступках, но и сердцем, очистив его от грехов, сидящих глубоко внутри нас. Поэтому Он сказал: *«Будьте святы, потому что Я свят»* (1-е посл. Петра, 1:16), а также: *«Ибо воля Божия есть освящение ваше, чтобы вы воздерживались от блуда»* (1-е посл. к Фессалоникийцам, 4:3).

Итак, что же мы должны делать, чтобы иметь чистое сердце – такое, как хочет Бог, и как достичь святости?

Те, кто имеет обыкновение злиться, должны отбросить злость и стать мягче. Тот, кто склонен к высокомерию, должен покончить с надменностью и усмирить себя. Те, кто привыкли с ненавистью относиться к другим, должны измениться и полюбить своих врагов. Проще говоря, мы должны избавиться от всех форм проявления зла и сражаться против грехов, вплоть до пролития крови (Посл. к Евреям, 12:4).

Достигнув уровня, когда мы сможем отбросить все грехи, слушать Слово Божье, применять Его в жизни, наполняться Истиной, мы будем иметь чистое сердце. Просто слушать Слово бесполезно, если не применять Его. Представьте, что одежда испачкалась, а мы просто причитаем: «Ой, я должен ее постирать», но при этом даже не прикасаемся к ней.

Следовательно, если мы, слушая Слово Божье, находим в сердце своем проявления порока, мы должны приложить все усилия, чтобы освободиться от этого. Конечно же чистота сердца не может быть достигнута лишь усилиями

воли самого человека. Мы можем понять это благодаря
признанию Павла:

*«Ибо по внутреннему человеку нахожу удовольствие
в законе Божием; но в членах моих вижу иной закон,
противоборствующий закону ума моего и делающий
меня пленником закона греховного, находящегося в
членах моих. Бедный я человек! кто избавит меня от
сего тела смерти?» (Посл. к Римлянам, 7:22-24).*

Здесь, под «внутренним человеком», подразумевается
сердце, которое Бог изначально дал людям и которое
является сердцем правды, радующимся в Законе Его и
ищущим Бога. Но, с другой стороны, есть сердце неправды,
жаждущее предаться греху, поэтому мы не можем только
собственными усилиями освободиться от греха.

Это видно на примере людей, не способных бросить
пить и курить. Они знают о вреде курения или
злоупотребления алкоголем, но не могут остановиться.
Из года в год они планируют решить эту проблему, но не
могут.

Они знают, как это вредно, но не могут бросить, потому
что это доставляет им удовольствие. Но если Бог дает им
силу свыше, они могут сразу освободиться от зависимости.

То же самое с грехами и нечестьем, которые есть в нашем сердце. В 1-м послании к Тимофею, 4:5, сказано: *«Потому что освящается словом Божиим и молитвою»*. Как уже говорилось, когда мы понимаем правду через Слово Божье, обретаем Божью благодать, силу и помощь Духа Святого благодаря горячим молитвам, мы можем отбросить грехи.

Чтобы сделать это, нужно жить по Слову Божьему и направить на это все силы и волю. Не стоит останавливаться после одного-двух раз. Если мы будем молиться и иногда поститься, мы в итоге изменимся, по-настоящему освободимся от всех грехов и обретем чистое сердце.

ЧИСТЫЕ СЕРДЦЕМ ПОЛУЧАЮТ ОТВЕТЫ И БЛАГОСЛОВЕНИЯ

Быть человеком с чистым сердцем - значит не только иметь благословение видеть Бога Отца. Это значит также, что, молясь от всего сердца, они получат ответы, встретят Господа и испытают Его присутствие в своей жизни.

В Книге пророка Иеремии, 29:12-13, сказано: *«И воззовете ко Мне, и пойдете и помолитесь Мне, и Я услышу вас; и взыщете Меня и найдете, если взыщете Меня всем сердцем вашим»*. Благодаря искренним молитвам, люди с чистым сердцем получат от Бога ответы, и им будет о чем свидетельствовать в своей жизни.

Случается, что некоторые вновь уверовавшие, те, кто только приняли Иисуса Христа и еще практически не живут по Истине, все же получают ответы на свои молитвы. Хотя они еще не совсем чисты сердцем, они могут встретить Живого Бога и испытать Его присутствие.

Это сравнимо с тем, когда родители исполняют желания своих маленьких детей, сделавших что-то хорошее. Пусть они еще не достигли истинной чистоты сердца и меры веры, которая по-настоящему обрадует Бога, они все же могут получить ответы на свои молитвы.

После того как я встретил Бога и был исцелен от всех своих болезней и восстановил свое здоровье, я стал искать работу. Но даже если мне предлагали очень выгодные условия, я не принимал ни одного предложения, если работа не позволяла мне святить День Господний. Я делал все, чтобы совершать правильные поступки и с чистым сердцем ходить пред Богом.

Такое сердце было угодно Богу, и Он привел меня на работу в небольшой арендованный книжный магазин. Все шло хорошо, я даже планировал переехать в другое, гораздо большее помещение. Я нашел подходящее место для этого. Когда я пришел туда, хозяин магазина отказался подписывать со мной контракт. Его бизнес, в отличие от моего, не был столь успешным. Мне пришлось отказаться от своей идеи, но, когда я встал на место этого хозяина, мне стало его жаль, и я стал от всего сердца молиться о благословениях для него.

Позже я узнал, что напротив этого помещения открывается большой книжный магазин, с которым я бы не смог выдержать конкуренции. Бог знал это и для моего же блага предотвратил заключение контракта.

Я не разрешал заходить в свой магазин студентам, которые вели себя распущенно. Я запрещал также курить сигареты, распивать алкогольные напитки. В воскресенье, когда был особый наплыв покупателей, я закрывал двери, чтобы святить День Господний. По человеческим понятиям, мой бизнес никак не должен был процветать. Тем не менее количество покупателей росло, и торговля увеличивалась. И тогда все вынуждены были признать, что это - Божье благословение.

К слову, те, кто ведет христианский образ жизни, получают дар говорить на иных языках и другие дары Духа Святого. Это тоже часть «благословения видеть Бога».

«Иному вера, тем же Духом; иному дары исцелений, тем же Духом; иному чудотворения, иному пророчество, иному различение духов, иному разные

языки, иному истолкование языков. Все же сие производит один и тот же Дух, разделяя каждому особо, как Ему угодно» (1-е посл. к Коринфянам, 12:9-11).

Мы должны обязательно помнить, что если мы по-настоящему любим Бога, то тогда не должны довольствоваться уровнем веры детей. Мы должны сделать все, чтобы освободиться от зла в сердце своем и стать освященными, чтобы возрастать в вере и понимать сердце Божье.

Во 2-м послании к Коринфянам, 7:1, говорится: *«Итак, возлюбленные, имея такие обетования, очистим себя от всякой скверны плоти и духа, совершая святыню в страхе Божием».* Как было сказано, чтобы достичь освящения, давайте отбросим все, что оскверняет наше сердце.

Я надеюсь, мы будем процветать во всем, получим то, о чем попросим, и будем словно дерево, посаженное у воды, которое не засыхает, а дает щедрые плоды даже во время засухи. И еще я надеюсь, что мы сможем встретиться с Богом лицом к лицу в Царстве Небесном.

— ❧❧ —

«Блаженны миротворцы,
ибо они будут наречены
сынами Божьими»

От Матфея, 5:9

«Блаженны миротворцы,

ибо они будут наречены сынами Божиими».

Если между двумя странами пролегает общая граница, они, борясь за собственную выгоду и добиваясь привилегий, могут вступить в конфликт и даже начать войну. Но бывает и такое, что две страны, объединенные общей границей, годами живут мирно.

Возьмем Аргентину и Чили. Приграничный конфликт в прошлом привел эти государства к кризису, который чуть было не перерос в войну. Религиозные лидеры обеих стран обратились к людям, призывая их проявить любовь, являющуюся единственным путем сохранения мирных отношений между двумя государствами. Оба народа прислушались к этим словам и выбрали мир. Они последовали тому, что написано в Библии, в Послании к Ефесянам (2:14): *«Ибо Он есть мир наш, соделавший из обоих одно и разрушивший стоявшую посреди преграду»*.

Иметь мир между странами - значит быть друг с другом в хороших отношениях, сотрудничать, имея мир в сердце. Однако божественное понимание мира несколько другое. Оно означает жертвовать собой ради других и служить людям. Иначе говоря, мы должны, смирив себя, возвышать других. Мы не должны проявлять грубость. Даже тогда, когда мы правы, нам следует уступить мнению другого человека, кроме случаев, когда оно расходится с Истиной. Не нужно искать выгоды для себя. Не стоит также настаивать на собственном мнении, надо уметь принимать во внимание точку зрения других, причем без предвзятости, рассмотрев проблему со всех сторон. Без самопожертвования невозможно стать миротворцем. Следовательно, духовное понимание мира заключается в умении жертвовать своими интересами и даже своей жизнью ради других.

ИИСУС УСТАНОВИЛ МИР, ПОЖЕРТВОВАВ СОБОЙ

Когда Бог создал первого человека – Адама, тот был живым духом. Он наслаждался правом властвовать над всем. Но, поскольку он вкусил запретный плод и грех вошел в него, Адам стал грешником, так же, как и все его потомки. Таким образом была воздвигнута стена между людьми и Богом.

Как говорится в Послании к Колоссянам (1:21): *«И вас, бывших некогда отчужденными и врагами, по расположению к злым делам»*, грехи отдалили от Бога.

То есть люди со времен Адама были грешниками, а Иисус, Сын Божий, стал искупительной жертвой, принесенной за нас. Он умер на кресте, чтобы разрушить стену греха и восстановить мир между Богом и людьми.

Кто-то может задаться вопросом: «Почему все люди

должны считаться порочными только из-за того, что согрешил один лишь человек - Адам?». Это сравнимо с временами, когда существовало рабство. Если кто-то становился рабом, то та же участь ожидала всех его потомков.

В Послании к Римлянам, 6:16, сказано: *«Неужели вы не знаете, что, кому вы отдаете себя в рабы для послушания, того вы [и] рабы, кому повинуетесь, или [рабы] греха к смерти, или послушания к праведности?».* Поскольку Адам подчинился дьяволу и согрешил, все последующие поколения стали грешниками.

Чтобы восстановить мир между Господом и людьми, ставшими грешниками, безгрешный Иисус был распят. В Послании к Колоссянам, 1:20, говорится: *«И чтобы посредством Его примирить с Собою все, умиротворив через Него, Кровию креста Его, и земное и небесное».* Иисус принес искупительную жертву, чтобы наши грехи были прощены и был восстановлен мир между Богом и людьми.

ЯВЛЯЕТЕСЬ ЛИ ВЫ МИРОТВОРЦЕМ?

Бог хочет, чтобы мы так же, как Иисус, пришедший на землю в человеческой плоти и ставший миротворцем, были в мире со всеми. Конечно же, когда мы верим в Бога и познаем Истину, мы не будем намеренно нарушать мир. Однако, до тех пор пока мы верим в собственную непогрешимость, думая, что мы всегда поступаем правильно, мы бессознательно можем нарушить мир. Вы можете определить, к какому типу людей вы относитесь, проверив себя: пытаетесь ли вы делать то, что приемлют другие, или же, наоборот, стараетесь заставить других делать то, что нравится вам.

Возьмем, например, ситуацию в семье: жена любит пресную пищу, тогда как муж, наоборот, предпочитает, соленую. Жена говорит супругу, что соленая еда вредна для здоровья, но он продолжает отдавать ей предпочтение. Жена его не понимает. Муж же считает, что изменить свои вкусы сразу не просто.

Если жена будет настаивать на том, чтобы муж делал то, что она ему советует, так как это правильно, то конфликта не избежать. Следовательно, чтобы сохранить мир, мы должны принимать в расчет мнения других и помочь им понять, как постепенно измениться к лучшему.

Если присмотреться к окружающим, то можно заметить, что мир часто нарушается из-за мелочей. Причиной тому - мысли о собственной непогрешимости, которые всегда порождают убежденность в своей правоте.

Таким образом, надо проверить себя, насколько мы ставим собственную выгоду выше интересов других. Насколько убежденные в своей правоте и правильности всего, что нами говорится, мы пытаемся настаивать на собственном мнении, не обращая внимания на трудности других. И еще, хотим ли мы, чтобы наши подчиненные беспрекословно слушались нас только потому, что мы выше по положению.

Проверив себя, мы сможем понять являемся ли мы миротворцами. Обычно легко иметь мир с теми, кто добр к нам. Но Бог велит нам иметь святость и мир со всеми людьми.

«Старайтесь иметь мир со всеми и святость, без которой никто не увидит Господа» (Посл. к Евреям, 12:14).

Мы должны быть в мире даже с теми, кто нас не любит, ненавидит и создает нам трудности. Даже если наша правота абсолютно очевидна, но из-за нас человек будет переживать трудности, чувствовать неудобства, Бог не будет считать нас правыми. Как же жить в мире со всеми людьми?

ИМЕТЬ МИР С ГОСПОДОМ

Прежде всего, нам необходимо иметь мир с Господом. Книга пророка Исаии, 59:1-2, учит нас: *«Вот, рука Господа не сократилась на то, чтобы спасать, и ухо Его не отяжелело для того, чтобы слышать. Но беззакония ваши произвели разделение между вами и Богом вашим, и грехи ваши отвращают лице [Его] от вас, чтобы не слышать».* Если мы совершаем порочные поступки, то стена греха отделяет нас от Бога. Следовательно, чтобы иметь мир с Богом, не следует возводить стену греха между Ним и собой.

Когда мы принимаем Иисуса Христа, мы получаем прощение всех грехов, совершенных нами до этого (Посл. к Ефесянам, 1:7). Поэтому стена греха между нами и Богом разрушается и устанавливается мир с Ним.

Но следует помнить, что если мы, получив прощение, продолжаем грешить, то стена греха выстраивается вновь.

Библия разъясняет нам, что грех является причиной многих проблем. Когда Иисус исцелил парализованного человека, о котором рассказывается в 9-й главе Евангелия от Матфея, Он прежде всего простил его грехи. Затем только к этому человеку, страдавшему от болезни 38 лет, вернулось здоровье. А в Евангелии от Иоанна, 5:14, Иисус сказал: *«Вот, ты выздоровел; не греши больше, чтобы не случилось с тобою чего хуже».*

Следовательно, когда мы каемся в своих грехах и живем по Слову Божьему, мы можем иметь мир с Господом. В этом случае мы получаем благословение быть его детьми. Тогда, если вдруг заболеем, Он осцелит нас и вернет здоровье; если возникнут финансовые трудности, они разрешатся, и мы будем богаты. Только так мы можем получать ответы на желания своего сердца.

БЫТЬ В МИРЕ С СОБОЙ

До тех пор пока в нас есть ненависть, злоба, зависть и другие порочные чувства, они будут в определенной ситуации проявляться в виде беспокойства. Тогда мы будем мучиться и лишимся покоя. Корейцы в этом случае говорят: «Когда ваш двоюродный брат покупает землю, вы приобретаете боль в животе». Это и есть проявление зла. Есть такие люди, которые страдают из-за своей злобности, им плохо, когда другим хорошо. До тех пор пока мы носим в своем сердце злобу, зависть, высокомерие, конфликтность, имеем мысли об измене и другие проявления порока, мы не можем быть в мире с собой. Святой Дух в нас будет стонать, а сердце - мучиться.

Следовательно, чтобы иметь мир с собой, нам нужно

освободить сердце свое от всякого зла и покориться воле Духа Святого.

Когда мы принимаем Иисуса Христа, мы обретаем мир с Богом, и Бог дает в дар сердцу нашему Дух Святой (Деяния, 2:38).

Святой Дух - сердце Бога. Бог позволяет нам звать Его Отцом. Он дает нам способность понять, что такое грех, праведность и суд. В этом случае дети Божьи, направляемые Святым Духом, смогут жить по Слову Его.

Когда мы живем по Слову Божьему и следуем желаниям Святого Духа, то Он помогает нам обрести радость в сердце. Тогда наше сердце спокойно, и мы имеем мир с собой.

Более того, достигнув уровня, когда мы полностью освободились от зла в сердце своем и нам больше не надо бороться с грехами, мы обретаем полный мир с самим собой. Только тогда, когда мы в мире с собой, мы можем быть в мире с окружающими.

ИМЕТЬ МИР С ЛЮДЬМИ

Иногда встречаются люди, которые с рвением и страстью относятся к обязанностям, к которым призвал их Бог. Они любят Господа и целиком отдаются служению, но у них нет мира с другими братьями по вере. Обычно, если они убеждены в том, что от их деятельности есть польза Царству Небесному, они будут продолжать свою работу, не считаясь с мнением окружающих. В результате кто-то почувствует себя неуютно, испытает неприязнь по отношению к таким служителям.

В этой ситуации те, у кого нет мира с другими, будут думать, что это - цена, которую они должны заплатить за то, чтобы сделать что-то значимое для Царства Божьего. Их не волнует, что есть люди, придерживающиеся другого мнения, и что они стали причиной возрастания недовольства.

Однако те, кто с добротой будет относиться к заботам окружающих, смогут обрести мир и принять в свои объятия многих. Они притягивают к себе людей. Благое сердце исполнено правды и является благим по Истине. Обладать таким сердцем - значит быть внимательным и щедрым, ставить окружающих выше себя, заботиться о них (Посл. к Филиппийцам, 2:3-5).

В Евангелии от Матфея, 12:19-20, говорится: «*Не воспрекословит, не возопиет, и никто не услышит на улицах голоса Его; трости надломленной не переломит, и льна курящегося не угасит, доколе не доставит суду победы».*

Если в нас есть подобная благость, мы не будем ссориться с окружающими. Мы не будем похваляться, чтобы возвысить себя. Мы будем любить даже тех, кто бессилен, как надломленная трость, или зол, как лен курящийся. Мы обнимем их, желая им только лучшего.

Представьте ситуацию: старший сын, любя родитей, покупает для них очень хорошие подарки. Но при этом он критикует своих братьев, которые не могут себе позволить того же. Как себя чувствуют при этом родители? Вероятно, дорогим подаркам они больше предпочли бы мир между своими детьми.

Точно так же и Бог хочет, чтобы мы сначала поняли Его сердце и уподобились Ему, прежде чем будем усердствовать в расширении Царства Небесного.

Если это не противоречит Истине, то, чтобы сохранить мир, необходимо также учитывать слабость веры некоторых людей. С тех пор как я стал старшим пастором церкви «Манмин», у меня никогда не возникало никаких негативных чувств против пасторов и служителей, которые не показывали должных результатов в работе. Я относился к ним с верой и терпением до тех пор, пока Бог не давал им силу, чтобы лучше исполнять свои обязанности.

Если бы я только настаивал на своей точке зрения, возможно, я бы давал им советы вроде: « Почему бы тебе не заняться чем-то другим. На следующий год, когда окрепнешь, вернешься назад». Но, боясь ввести кого-то в уныние, я этого никогда не делал. Когда в нас есть такая благость, которая «трости надломленной не переломит и льна курящегося не угасит», мы будем иметь мир с окружающими.

МИР ЧЕРЕЗ САМОПОЖЕРТВОВАНИЕ

В Евангелии от Иоанна, 12:24, говорится: *«Истинно, истинно говорю вам: если пшеничное зерно, падши в землю, не умрет, то останется одно; а если умрет, то принесет много плода».* Как я уже говорил, когда мы полностью, во всем, жертвуем собой, мы обретаем мир и даем щедрые плоды. Это так же, как если зерно упадет на землю и умрет, но оно прорастет и принесет много плодов.

Что сделал Иисус? Он полностью пожертвовал собой. Он был распят за грешников. Он открыл путь к спасению и искупил неисчислимое количество детей Божьих. Точно так же, принеся себя в жертву в семье, в работе, в церкви, мы будем пожинать прекрасные плоды мира.

Мера веры у всех разная (Посл. к Римлянам, 12:3). У каждого есть свое мнение, собственные идеи. Уровень образования, характер, обстановка, в которой человек рос, – все не одинаково, поэтому и стандарты того, что должно нравиться и что считать правильным, отличаются. А раз стандарты разные, то, настаивая на своем, мы никогда не добьемся мира. Пусть мы правы, а другие нам доставляют неудобства, мы должны пожертвовать собой ради мира.

Представим, что две сестры с очень непохожим образом жизни, делят одну комнату. Старшая любит, чтобы все было чисто, а младшей это не нравится. Старшая хочет, чтобы ее сестра изменилась. И если та не слушается, то это вызывает раздражение. В конечном итоге оно выльется наружу и приведет к ссоре.

Нет сомнений, что лучше жить в чистой комнате, но если мы злимся и говорим обидные слова, то поступаем неправильно. Даже если что-то доставляет нам неудобства, чтобы сохранить мир, мы с любовью должны дождаться, когда человек изменится.

… Жил человек по имени Минсон. Он потерял мать, когда был совсем молодым. У него была мачеха, которая воспитывала двоих младших сыновей. Она плохо обращалась с Минсоном: хорошую еду и одежду мачеха давала только собственным детям. Холодными зимами Минсон вынужден был дрожать в одежде, сделанной из тростника. Морозным зимним днем Минсон вместе с отцом толкал телегу и трясся от холода так, что задрожала телега. Тогда его отец прикоснулся к вещам сына и понял, что он носит одежду из тростника.

«Как она может так поступать?» - отец был разгневан и готов был выгнать новую жену из дома. Однако Минсон умолял отца не делать этого: «Отец, пожалуйста, не расстраивайтесь. Когда она здесь, страдает только один сын, но если ее выгнать, то пострадают все трое». Мачеху растрогали эти слова пасынка. Она, плача, раскаялась в том, что делала, и после этого вся семья жила в мире.

Точно так же и люди, кроткие, мягкие, как хлопок, избегающие ссор и проблем с окружающими, будут желанны и любимы всеми. Они являются миротворцами, способными пожертвовать собой и своей жизнью ради других.

МИРОТВОРЕЦ АВРААМ

Многие люди желают жить в мире, но у них это не получается. А все потому, что они ищут выгоды и привилегий для себя. Если мы не стремимся к удовлетворению собственных интересов, то кажется, будто мы чего-то лишаемся. Но если смотреть глазами верующих, то это не так. Когда мы, повинуясь воле Божьей, делаем все для блага других, Бог благословляет нас и отвечает на наши молитвы.

В Бытии, в главе 13-й, рассказывается об Аврааме и его племяннике Лоте. Лот рано лишился отца и следовал за Авраамом как за родным отцом. В результате, когда Бог возлюбил и благословил Авраама, Лот тоже получил благословения. Они оба владели большим состоянием. У них было не только много серебра и золота, но и скота. Но из-за того что не хватало воды, пастухи Авраама и Лота стали ссориться между собой.

В конце концов, чтобы предотвратить раздор между семьями, Авраам решил разделить владения. Тогда Авраам дал Лоту право первому выбрать лучшую землю.

«Не вся ли земля пред тобою? отделись же от меня. Если ты налево, то я направо; а если ты направо, то я налево» (Бытие, 13:9).

Лот выбрал землю в окрестностях Иордана, которая орошалась водой. Авраам знал, что Лот благодаря ему получил благословения, к тому же, по семейной иерархии, Авраам был дядей, а Лот его племянником, и это давало Аврааму право первому выбрать землю получше. Но если бы Авраам воспользовался этим правом, то Лот мог бы подумать, что Авраам поступил с ним нечестно. А Авраам всем сердцем желал, чтобы его племяннику Лоту досталась лучшая земля. Поэтому он сохранил мир с Лотом, и в результате получил еще большие благословения.

> *«И сказал Господь Авраму, после того как Лот отделился от него: возведи очи твои и с места, на котором ты теперь, посмотри к северу и к югу, и к востоку, и к западу. Ибо всю землю, которую ты видишь, тебе дам Я и потомству твоему навеки. И сделаю потомство твое, как песок земный; если кто может сосчитать песок земный, то и потомство твое сочтено будет. Встань, пройди по земле сей в долготу и в широту ее: ибо Я тебе дам ее» (Бытие, 13:14-17).*

После этого богатство и власть Авраама настолько возросли, что он пользовался авторитетом даже среди царей. Благодаря своему благому сердцу, он заслужил право называться «другом Бога». Он был тем, кто искал выгоды для других, делал то, что хотели они, а не он сам. Если его били по одной щеке, он подставлял другую. Он мог отдать свою рубашку вместе с верхней одеждой тому, кто попросит его об этом, и, если кто принудит его «пройти с ним одно поприще», он пройдет два (От Матфея, 5:39-41). Точно так же, как Иисус молился за тех, кто Его распинал, он мог молиться за своих врагов и благословлять их. Он мог молиться за тех, кто преследовал его.

Когда мы от всего сердца идем на самопожертвование и ищем выгоду для других, мы обретаем мир.

МИР - ЛИШЬ В ИСТИНЕ

Одна вещь, относительно которой мы должны быть осторожными: нужно делать различие между тем, чтобы быть терпимыми к людям, и тем, чтобы покрывать ошибки других, игнорировать и пренебрегать всем только ради того, чтобы сохранить мир. Иметь мир не означает, что мы должны избегать человека или искать компромиссы, когда наши братья грешат. Мы должны быть в мире со всеми, но мир должен быть в Истине.

Например, кто-то из родственников или коллег с работы попросит нас склониться перед идолом. Кто-нибудь предложит нам выпить спиртное. Это противоречит Слову Божьему (Исход, 20:4-5), мы должны отказаться от этого и выбрать то, что угодно Богу.

Но делая это, следует быть мудрым. Не стоит задевать чувства других. Добрыми нужно быть всегда. Мы должны завоевать их расположение своей преданностью. Надо с добрым сердцем постараться убедить их и просить понять.

Вот свидетельство одной из сестер нашей церкви. После

того как она была принята на работу, некоторое время у нее были трудности с коллегами. Они по воскресеньям приглашали ее на пикники и другие встречи, а она хотела святить День Господний.

Коллеги и руководители перестали замечать ее, а она, не обращая внимания, продолжала честно работать, добровольно выполняла поручения других сотрудников.

Показав им любовь Христову, она тронула их сердца. Теперь они встречаются в другие дни, не по воскресеньям, и даже свадебные торжества устраивают по субботам.

БЛАГОСЛОВЕНИЕ НАЗЫВАТЬСЯ СЫНАМИ БОЖЬИМИ

В Евагелии от Матфея, 5:9, говорится: *«Блаженны миротворцы, ибо они будут наречены сынами Божиими».* Насколько значимо благословение называться сынами Божьими?

Здесь, под «сынами», подразумеваются не только мужчины, но и все дети Божьи. Однако слово «сыны» в Послании к Галатам, 3:26, используется в несколько другом значении: *«Ибо все вы сыны Божии по вере во Христа Иисуса».* В Послании к Галатам имеются в виду только те сыны, которые получили спасение. Понятие «сыны Божьи» в применении к миротворцам обретает более глубокий духовный смысл. Это истинные дети Божьи, которых признает Сам Бог.

Те, кто принял Иисуса Христа и имеет веру в Него, являются детьми Божьими. В Евангелии от Иоанна, 1:12, об этом говорится: *«А тем, которые приняли Его, верующим во имя Его, дал власть быть чадами Божиими»*. Хотя мы все спасены и стали детьми Божьими, не все верующие одинаковы.

К примеру, среди множества детей есть такие, которые понимают родительское сердце, не доставляют им беспокойства, тогда как другие создают родителям одни проблемы, не слушаются их.

Кто лучше в глазах Бога? Однозначно те, кто уподобляется Господу, имеет чистое сердце, подчиняется Слову Божьему. Так, в Бытии, 17:1, говорится: *«Я Бог Всемогущий; ходи предо Мною и будь непорочен»*. Господь хочет, чтобы мы были непорочны и совершенны.

Чтобы мы могли называться сынами Божьими, мы должны быть подобными образу Иисуса, нашего Спасителя (Посл. к Римлянам, 8:29). Иисус, Сын Божий, стал миротворцем, пожертвовав собой и пойдя на крестные муки.

Так же, когда мы жертвуем собой и стремимся к миру, то, уподобившись Иисусу, мы можем называться сынами

Божьими. Мы также можем пользоваться духовной силой и властью, которые даны были Иисусу (От Матфея, 10:1).

Точно так же, как Иисус исцелял больных, изгонял демонов, воскрешал мертвых, и мы, если являемся сынами Божьими, можем избавлять людей даже от таких неизлечимых заболеваний, как рак, СПИД и лейкемия.

Более того, даже хромые, слепые, мертвые, глухие, больные детским параличом могут восстановиться. Их глаза будут видеть, они начнут ходить, и даже мертвые воскреснут.

Враг дьявол будет дрожать от страха, одержимые демонами или властью тьмы получат освобождение (От Марка, 16:17-18). Чудеса исцеления не будут ограничены ни временем, ни расстоянием. Экстраординарные явления могут происходить также и через наши вещи, как это было с платками, принадлежавшими апостолу Павлу (Деяния, 19:11-12).

И так же, как Иисус останавливал ветра и волны, мы можем даже повлиять на изменение погодных условий (От Матфея, 8:26-27). Дожди будут прекращаться, тайфуны менять курс, а ураганы проходить мимо. Вы даже сможете видеть радугу в абсолютно ясный день.

И, помимо этого, если мы зовемся сынами Божьими,

мы войдем в Новый Иерусалим, где находится Божий Престол. Там мы будем наслаждаться честью и славой, уготованной для Его детей. Имея веру для спасения, мы попадем в Рай, но, став истинными детьми Божьими, мы войдем в Новый Иерусалим – самое чудесное место обитания в Царстве Небесном.

Насколько велики честь и слава принцев, наследующих престол? Если мы уподобляемся Господу – Властелину всего и называемся детьми Божьими, то мы получаем необычайный почет и величие! В вечности нас будет сопровождать повсюду эскорт ангелов, а многочисленные небесные жители станут восхвалять нас.

Более того, мы будем наслаждаться красивыми вещами и владеть великолепными обителями в роскошном Новом Иерусалиме. Мы всегда будем чувствовать себя несказанно счастливо.

Следовательно, мы должны пронести свой собственный крест и стать миротворцами с таким же сердцем, как у Господа, Который пожертвовал собой, пойдя на крестные муки. Тогда мы удостоимся большой Божьей любви и благословений.

—— ⧗⧖ ——

«Блаженны изгнанные за правду,
ибо их есть Царство Небесное»

От Матфея, 5:10

«Блаженны изгнанные за правду,
ибо их есть Царство Небесное».

«Верьте в Иисуса Христа и получите спасение».

«Вы можете получить благословения во всем, веруя во Всемогущего Бога».

Очень часто проповедники говорят, что мы спасаемся верою в Иисуса Христа: она приносит благословения во всем, дает возможность преуспевать в жизни, получать ответы на молитвы и находить решение различных проблем.

Только в одной нашей церкви «Манмин» каждую неделю звучит множество свидетельств во славу Господа.

Однако Библия говорит нам также и том, что будут трудности и гонения на тех, кто верует в Иисуса Христа. И в вечности, и при жизни здесь, на земле, мы получаем благословения в зависимости от того, что мы оставили и чем пожертвовали ради Иисуса Христа, когда нас за Него преследовали (Посл. к Филиппийцам, 1:29).

«Истинно говорю вам: нет никого, кто оставил бы дом, или братьев, или сестер, или отца, или мать, или жену, или детей, или земли, ради Меня и Евангелия, и не получил бы ныне, во время сие, среди гонений, во сто крат более домов, и братьев, и сестер, и отцев, и матерей, и детей, и земель, а в веке грядущем жизни вечной» (От Марка, 10:29-30).

ПОДВЕРГАТЬСЯ ГОНЕНИЯМ ЗА ПРАВДУ

Что означает быть изгнанным за правду? Это значит подвергаться преследованиям, когда живешь по Слову Божьему, следуешь Истине, стремишься к правде, благости и свету.

Конечно же мы избежим преследований, если пойдем на компромисс и откажемся вести благочестивую христианскую жизнь. Однако во 2-м послании к Тимофею, 3:12, мы читаем: *«Да и все, желающие жить благочестиво во Христе Иисусе, будут гонимы»*. Если мы следуем Слову Божьему, мы можем столкнуться с трудностями и изгнанием даже без видимых причин.

Например, будучи неверующими, мы можем выпивать, употреблять бранные слова, вести себя грубо. Но, испытав Божью благодать, мы приложим все усилия, чтобы бросить пить и жить благочестиво. Тем самым мы, вполне естественно, отдалимся от неверующих коллег и партнеров. Даже если мы и продолжим общаться с ними, то не сможем наслаждаться тем, что нравилось нам прежде, и они будут этим разочарованы, могут выступать против вашего изменившегося поведения.

В моем случае произошло то же самое. До того как я принял Господа, у меня было много друзей, с которыми я выпивал. Когда собирались родственники, мы тоже употребляли немало алкоголя. Но после того как я уверовал, на одном из собраний пробуждения я осознал, что Бог хочет, чтобы мы были трезвыми, и я бросил пить.

Я никогда не подавал спиртного моим братьям, родственникам и друзьям. Они жаловались, что я принимал их не так, как положено.

Более того, когда я принял Господа и стал святить День Господний, у нас не всегда была возможность присоединиться к пикникам и другим общественным мероприятиям, проводимым на работе. Из некоторых семей, где не исповедовали христианство, нас изгоняли из-за того, что мы отказывались поклоняться идолам.

ЗЛОЙ СВЕТ НЕНАВИСТИ

Итак, почему же мы должны страдать, когда веруем в Господа?

Это вроде воды и масла, которые не смешиваются. Бог – это Свет, и те, кто верит в Него, живут по Слову, духовно принадлежа Свету (1-е посл. Иоанна, 1:5). Однако хозяин мира – враг, дьявол и сатана, правитель тьмы (Посл. к Ефесянам, 6:12).

Следовательно, как только появляется свет, тьма отступает; когда возрастает количество верующих, являющихся светом, власть врага, дьявола и сатаны, ослабевает. Люди, живущие в миру, находятся под контролем врага, дьявола и сатаны, они принадлежат ему. Он провоцирует преследования верующих с тем, чтобы они отступились от веры.

«Ибо всякий, делающий злое, ненавидит свет и не идет к свету, чтобы не обличились дела его, потому что они злы; а поступающий по правде идет к свету, дабы явны были дела его, потому что они в Боге соделаны» (От Иоанна, 3:20-21).

Те, у кого доброе сердце, видя, как другие живут праведно, по Слову Божьему, будут растроганы и могут тоже принять Благую Весть. Злые же люди подумают, что все это – глупости. Они будут ненавидеть и преследовать верующих.

Некоторые пытаются подавить верующих своей логикой. Они говорят: «Должен ли ты придерживаться таких крайностей? Многие люди воспитывались в христианских семьях, некоторые из них даже стали старейшинами церкви, но они продолжают выпивать». Однако дети Божьи никогда не должны совершать неправедных, не угодных Богу поступков только потому, что их коллегам, родственникам или друзьям что-то не нравится или они огорчаются.

Бог отдал Своего единственного Сына за нас, грешников. Иисус подвергся всевозможным издевательствам и гонениям и умер на кресте, взяв на себя наши грехи. Если мы подумаем о Его любви, мы под любыми пытками не сможем пойти на компромисс с миром ради сиюминутного удобства.

СЛУЧАИ ПРЕСЛЕДОВАНИЯ ЗА ПРАВДУ

В 605 веке до нашей эры, в результате вторжения Навуходоносора - царя Вавилонского, Анания, Мисаил и Азария вместе с Даниилом были взяты в плен. Даже живя в чуждой культуре, которая была полна разврата и идолопоклонства, они хранили свое благоговение и веру в Господа.

Однажды они попали в трудную ситуацию. Царь соорудил золотого истукана, требуя, чтобы каждый житель страны поклонился ему. Того же, кто ослушается, бросят в раскаленную огнем печь.

Анания, Мисаил и Азария легко могли избежать проблем, просто поклонившись истукану, но они этого не сделали, потому что в Исходе, 20:4-5, говорится:

«Не делай себе кумира и никакого изображения того, что на небе вверху, и что на земле внизу, и что в воде ниже земли. Не поклоняйся им и не служи им, ибо Я Господь, Бог твой, Бог ревнитель, наказывающий детей за вину отцов до третьего и четвертого [рода], ненавидящих Меня».

В итоге, Даниила и троих его друзей должны были бросить в раскаленную печь. Каким трогательным было их исповедание в тот момент!

«Бог наш, Которому мы служим, силен спасти нас от печи, раскаленной огнем, и от руки твоей, царь, избавит. Если же и не будет того, то да будет известно тебе, царь, что мы богам твоим служить не будем и золотому истукану, которого ты поставил, не поклонимся» (Кн. пророка Даниила, 3:17-18).

Даже в ситуации, угрожающей жизни, они не пошли на компромисс и сохранили свою веру. Бог, видя веру друзей, спас их от огненной печи.

ПОДВЕРГАТЬСЯ ПРЕСЛЕДОВАНИЮ ИЗ-ЗА СОБСТВЕННЫХ НЕДОСТАТКОВ

Мы должны помнить, что, в отличие от Даниила и трех его друзей, во многих случаях люди подвергаются преследованиям не за правду, а из-за своих недостатков.

Например, есть такие верующие, которые не исполняют своих обязанностей, говоря, что служат Богу. Если студенты перестанут учиться, а домохозяйки не будут заботиться о хозяйстве, сосредоточившись на делах церкви, то они будут подвергаться гонениям со стороны членов их семей. Причинами недовольства будут заброшенная учеба, неухоженный дом. В этом случае будет заблуждением думать, что их преследуют потому, что они трудятся для Бога.

Верующий может не столь усердно трудиться на своем рабочем месте и стараться переложить свои обязанности на другого человека, оправдывая это служением в церкви. Когда он получит предупреждение или нарекание на работе, это не будет означать, что его преследуют за веру.

Так, в 1-м послании Петра, 2:19-20, написано: *«Ибо то угодно Богу, если кто, помышляя о Боге, переносит скорби, страдая несправедливо. Ибо что за похвала, если вы терпите, когда вас бьют за проступки? Но если, делая добро и страдая, терпите, это угодно Богу».*

БЛАЖЕННЫ ИЗГНАННЫЕ ЗА ПРАВДУ

В Евангелии от Матфея, 5:10, говорится: *«Блаженны изгнанные за правду, ибо их есть Царство Небесное».* Почему Библия говорит, что они блаженны? Если кого-то преследуют за зло и беззаконие – это не является благословением или наградой. Однако гонение за правду – это благословение, потому что преследуемые наследуют Царство Небесное.

Как земля, которая твердеет после дождя, так и сердце верующего, который испытал преследования, становится более крепким. Пройдя через это, мы сможем найти в себе нечестие, о котором не знали прежде, и постараемся избавиться от него. Мы будем развивать в себе смирение и миролюбие, уподобив свое сердце сердцу Господа, и полюбим даже своих врагов.

Прежде, если нас били по одной щеке, мы злились и наносили ответный удар. Однако, оказавшись гонимыми, мы познали смирение и любовь и научились подставлять другую щеку.

Кроме того, те, кто раньше имел привычку расстраиваться и жаловаться, столкнувшись с трудностями, оказавшись преследуемыми за правду, могут укрепиться в вере. У них появляется надежда войти в Царство Небесное, и они будут благодарить и радоваться в любой ситуации.

Позвольте привести пример из реальной жизни. У одного из членов церкви буквально по любому поводу возникали проблемы с коллегой в офисе, где он работал. Тот человек беспричинно оговаривал верующих. Его поступки были лишены здравого смысла, и верующему пришлось немало пострадать из-за этого.

Другие люди хвалили верующего, говоря, что он хороший человек, но эта ситуация помогла ему понять, что его сердце способно ненавидеть. Он изменил свое неприязненное отношение к коллеге и готов был заключить его в свои объятия, поскольку Бог велит нам любить даже своих врагов. Он помнил о том, что любил его коллега, и старался именно это сделать для него.

И еще, молясь за этого человека, он по-настоящему полюбил его, и их отношения стали даже более близкими и дружественными, чем с остальными сотрудниками офиса.

Так, в Псалме, 118:71, говорится: *«Благо мне, что я пострадал, дабы научиться уставам Твоим»*. Через страдания мы становимся более смиренными. Мы отбрасываем грехи и зло, положившись на Господа, становимся освященными. Тогда со временем преследования прекратятся.

Если нас преследуют за правду, наша вера будет расти, мы будем пользоваться уважением окружающих и получим духовные и материальные благословения от Господа. Более того, в зависимости от уровня нашей праведности, мы можем получить лучшие места обетования в Небесном Царстве. Какое это благословение!

НЕБЕСНЫЕ ОБИТЕЛИ И СЛАВА У ВСЕХ РАЗНЫЕ

Итак, каково различие между Небесами, которыми будут владеть нищие сердцем своим и те, кто был гоним за правду? На самом деле, различие велико.

В первом случае это Небеса в общем понимании, куда войдут все спасенные. А во втором – это лучшие небесные обители, в которые мы попадем в зависимости от того, насколько мы пострадали за правду.

Насколько мы достигли освящения и стали истинными детьми Божьими, угодными Ему, насколько хорошо мы исполняли свои обязанности, настолько и будут различаться наши небесные обители и награды.

В Евангелии от Иоанна, 14:2, говорится: «*В доме Отца Моего обителей много; а если бы не так, Я сказал бы вам: "Я иду приготовить место вам"*».

И также в 1-м послании к Коринфянам, 15:41, мы читаем: *«Иная слава солнца, иная слава луны, иная звезд; и звезда от звезды разнится в славе»*. Мы видим, что наши обители и слава на Небесах будут различаться и соответствовать степени достигнутой нами праведности.

Нищие сердцем – это те, кто принял Господа и получил право войти в Царство Небесное. После этого они могут стать более смиренными и чистыми сердцем, признать свои грехи и раскаяться, чтобы освободиться от них. Они должны продолжать расти в вере, постоянно стремясь к праведности.

Соответственно, только те, кто осознаёт свою порочность, отступается от нее и становится освященным, пройдя через гонения и испытания, смогут войти в лучшие Небесные обители и увидеть Бога Отца.

ПРЕСЛЕДОВАНИЯ ЗА ГОСПОДА

По мере достижения нами праведности, будут прекращаться и гонения. Возрастая в вере, мы становимся более совершенными, пользуемся уважением окружающих. К тому же, мы можем получить и духовные, и материальные благословения от Господа.

Мы можем видеть это на примере трех друзей Даниила. Они пострадали, потому что хранили свою верность Господу. Их бросили в огненную печь, разогретую в семь раз сильнее, чем когда-либо, но Бог защитил их. Ни один волос на их голове не опалился.

Видя этот Божий промысел, царь также воздал хвалу Всемогущему Богу и возвысил друзей.

Однако это не значит, что гонения прекратятся только потому, что мы достигли праведности и полностью исполняем Слово Божье. Есть также гонения, через которые служители Господа должны пройти за Царство Божье.

«Блаженны вы, когда будут поносить вас и гнать и всячески неправедно злословить за Меня. Радуйтесь и веселитесь, ибо велика ваша награда на небесах: так гнали [и] пророков, бывших прежде вас» (От Матфея, 5:11-12).

Многие отцы веры добровольно шли на страдания, чтобы исполнить волю Божью. Это прежде всего Иисус. Он был Богом – безвинным и безупречным, но принял на себя наказание за всех грешников. Чтобы исполнить провидение спасения, Он пошел на то, чтобы Его били плетьми, распяли на виду у насмехающейся и презирающей Его толпы.

АПОСТОЛ ПАВЕЛ

Давайте, рассмотрим случай с апостолом Павлом. Проповедуя Благую Весть среди язычников, Павел заложил основу для Всемирной Евангелизации. В ходе трех своих миссионерских поездок он открыл множество церквей. Это было совсем не просто. Мы можем понять, насколько трудно ему было, из его собственного признания:

«Христовы служители? в безумии говорю: я больше. Я гораздо более [был] в трудах, безмерно в ранах, более в темницах и многократно при смерти. От Иудеев пять раз дано мне было по сорока [ударов] без одного; три раза меня били палками, однажды камнями побивали, три раза я терпел кораблекрушение, ночь и день пробыл во глубине [морской]; много раз [был] в путешествиях, в опасностях на реках, в опасностях от разбойников, в опасностях от единоплеменников, в опасностях от язычников, в опасностях в городе, в опасностях в пустыне, в опасностях на море, в опасностях между лжебратиями, в труде и в изнурении, часто в бдении, в голоде и жажде, часто в посте, на стуже и в наготе» (2-е посл. к Коринфянам, 11:23-27).

Были даже люди, которые поклялись не есть и не пить, пока они не убьют Павла. Вы можете представить, через какие страдания ему пришлось пройти (Деяния, 23:12). Однако, независимо от того, в какие ситуации ставили Павла его гонители, он всегда радовался и благодарил, потому что имел веру в Царство Небесное.

Он был верен до смерти Царству и правде Божьей и не щадил для этого своей жизни (2-е посл. к Тимофею, 4:7-8).

Это не значит, что народ Божий страдает, потому что у него нет власти. Когда Иисус был на кресте, он мог при желании призвать 12 легионов ангелов, и они бы разрушили все нечистое вокруг (От Матфея, 26:53).

Оба, Моисей и Павел, имели такую силу, что люди даже считали их самих богами (Исход, 7:1; Деяния, 14:8-11). Когда на больных людей возлагали платки или пояса, которых касался Павел, болезни, злые духи выходили из немощных (Деяния, 19:12).

Поскольку Моисей и Павел знали, что Божье провидение исполнится через их страдания, они не пытались избежать мучений и принимали их с радостью. Они усердно проповедовали волю Божью и делали то, что Бог велел им сделать.

ВЕЛИКА НАГРАДА ЗА ТО, ЧТО МЫ РАДУЕМСЯ И ВЕСЕЛИМСЯ

Мы должны радоваться и веселиться, когда нас преследуют за имя Господа, потому что велика за это наша награда на Небесах (От Матфея, 5:11-12).

В старые времена некоторые верные царю министры готовы были пожертвовать ради него жизнью. Их верность государю приносила им хвалу и честь. Если подданный умирал, то его награды царь передавал детям погибшего. Как сказано в Евангелии от Иоанна (15:13) : *«Нет больше той любви, как если кто положит душу свою за друзей своих».* Они доказали свою любовь, пожертвовав своей жизнью.

Если нас преследуют и даже убивают за имя Господа, как же Бог, который управляет всем, может этого не заметить? Он изольет на нас невообразимые Небесные благословения.

Он даст нам лучшие Небесные обители в Царстве Небесном. Те, кто стали мучениками ради Господа, получат признание за свою любовь к Нему. Они войдут, как минимум, в Третье Небесное Царство или даже в Новый Иерусалим.

Даже тогда, когда мы не жертвуем жизнью, но готовы принять смерть за веру и стать мучеником, это значит, что мы сможем стать полностью освященными, если нам на это будет отведено время.

Апостол Павел прошел через страдания и даже пожертвовал своей жизнью. Он знал Бога по-настоящему, испытал духовную силу, данную ему Свыше. Так как ему дано было увидеть Рай, он исповедовал: *«Ибо думаю, что нынешние временные страдания ничего не стоят в сравнении с тою славою, которая откроется в нас»* (Посл. к Римлянам, 8:18).

Он также сказал во 2-м послании к Тимофею (4:7-8) : *«Подвигом добрым я подвизался, течение совершил, веру сохранил; а теперь готовится мне венец правды, который даст мне Господь, праведный Судия, в день оный; и не только мне, но и всем, возлюбившим явление Его»*.

Бог не забудет верность и усилия тех, кого преследовали за веру и кто стал мучеником ради Господа. Он сполна вознаградит за страдания честью и славой. По признанию апостола Павла, награды и слава, уготованные на Небесах, удивительны.

Если даже мы и не лишимся физической жизни, все, что мы делаем для Господа с сердцем мученика, все гонения, через которые мы прошли ради Него, вернуться к нам наградами и благословениями.

И еще, тем, кто радуется и веселится, даже тогда, когда их преследуют за Господа, Бог ответит на желания их сердец и восполнит их нужды, чтобы показать, что Он с ними. По мере того как они будут преодолевать невзгоды, их вера будет укрепляться. Затем они получат больше полномочий и власти, будут ближе общаться с Богом и смогут демонстрировать незаурядную работу силы Божьей.

Но на самом деле, те, кто жертвуют жизнью ради Господа, не думают о том, чтобы получить вознаграждение здесь, на земле. Они могут радоваться большим благословениям и наградам, которые они получат позже, на Небесах.

БЛАГОСЛОВЕНИЯ ДЛЯ РАЗДЕЛЯЮЩИХ ГОСПОДНИ СТРАДАНИЯ

Давайте помнить одну вещь. Когда Божий человек страдает за имя Господа, те, кто с ним, тоже получат благословения.

Давид поплатился за свои грехи тем, что его сын, Авессалом, восстал против него. Но верные люди знали, что Давид был человеком Божьим. Они оставались с ним даже под угрозой для жизни. В конечном итоге, когда Давид вновь обрел Божью благодать, они также были благословлены вместе с ним.

Это воля Господа, чтобы Божьему человеку, пострадавшему за имя Его, и тем, кто честно был рядом с преследуемым, также были дарованы благодать и слава. Иисус сказал Своим ученикам о небесных наградах, которые они получат, тем самым вселив в них надежду:

«Но вы пребыли со Мною в напастях Моих, и Я завещаваю вам, как завещал Мне Отец Мой, Царство, да ядите и пиете за трапезою Моею в Царстве Моем, и сядете на престолах судить двенадцать колен Израилевых» (От Луки, 22:28-30).

Наша церковь и я прошли через множество гонений во имя Царства Небесного. Зная, что на это есть воля Божья, мы проповедовали о глубоко духовных вещах, понимая, что это тоже станет причиной нашего преследования.

Пройдя через многие трудности, которые человеку не дано вынести, мы просто молились и постились, вверив все в руки Господа. Затем Бог даровал нам еще большую силу, показывая, что Он с нами. Бог позволил нам продемонстрировать множество знамений и чудес: не только многие болезни были излечены, но и побеждены такие немощи, как детский паралич, слепота и глухота, восстановлены немощные с рождения части тела.

Более того, благодаря крусейдам, проводимым в разных странах, мы смогли привести к Богу сотни, тысячи и даже миллионы людей. Один из таких крусейдов привлек внимание всего мира, поскольку освещался телекомпанией «Си-Эн-Эн» (Кабельная сеть передачи новостей).

В 2005 году было основано телевидение ГХС («Глобальная христианская сеть»), которое начало круглосуточное вещание в Нью-Йорке и Нью-Джерси. Спустя лишь год после этого, Бог дал благословение всем людям во всем мире смотреть этот канал по спутниковому вещанию.

А Нью-Йоркский крусейд, прошедший в июле 2006 года в Манхэттене, на площади Мэдисон, транслировался на более чем 200 стран мира такими христианскими телевизионными компаниями, как ГХС, «Космовижен», сеть «Глористар» и «Дэйстар ТВ».

За этой славой стоят слезные молитвы прихожан нашей церкви. Большинство членов церкви оберегают ее своими молитвами, постятся, если церковь переживает трудности.

Те, кто причастен к страданиям за имя Господа, исполнены больших надежд на Царство Небесное. Они растут, становясь более стойкими и духовными в вере. Все это вернулось к ним благословениями. Бог благословил их семьи, работу, бизнес. И они своими сведетельствами прославили Господа.

Следовательно, те, кто ищет подлинных благословений, умеют радоваться и веселиться от всего сердца, когда их преследуют за Господа, потому что они смотрят в будущее, в ожидании вечных благословений, которые они получат в Царстве Небесном.

ТЕ, КТО СТРЕМЯТСЯ К ИСТИННЫМ БЛАГОСЛОВЕНИЯМ

То, что является благословением в глазах Господа, очень отличается от того, что люди этого мира считают благословением.

Множество людей думают, быть богатым – это благословение. Однако Бог говорит: «Блаженны нищие духом...». Люди думают, что быть счастливым – это благословение. Но Бог сказал: «Блаженны плачущие...». Бог еще сказал, что блаженны кроткие и алчущие и жаждущие правды.

Заповеди Блаженства показывают благословенный и истинный путь к Царству Небесному, которым будут владеть те, чьи сердца стали нищи и уподобились сердцу Господа, благодаря тому, что их преследовали.

Итак, если мы лишь исполняем Слово, мы можем отступиться от всякого зла и наполнить свое сердце Истиной. Мы сможем полностью восстановить смиренный и святой образ Божий и быть угодными Ему. Это путь к тому, чтобы стать мужем веры и полноты духа.

Такой человек похож на дерево, посаженное у воды. Дерево, растущее у воды, в изобилии обеспечено влагой. И в засуху, и в жаркие дни оно будет распускать зеленые листья и давать щедрый урожай плодов (Кн. пророка Иеремии, 17: 7-8).

Верующим, испытывающим жажду к Слову Божьему, от Кого исходят все благословения, не будут страшиться, даже попав в трудное положение. На них всегда будет Рука Божья, полная любви и благословений.

Я молюсь во имя Господа, чтобы вы смотрели в будущее, предвкушая славу, которая ждет вас, и совершенствовались, культивируя в себе заповеди Блаженства. Я молюсь, чтобы вы радовались истинным благословениям, которые Бог Отец даст вам сполна и на земле, и на Небесах.

«Блажен муж,
который не ходит на совет нечестивых
и не стоит на пути грешных
и не сидит в собрании развратителей;
но в законе Господа воля его,
и о законе Его размышляет он день и ночь!
И будет он как дерево,
посаженное при потоках вод,
которое приносит плод свой во время свое,
и лист которого не вянет;
и во всем, что он ни делает, успеет»
(Псалом, 1:1-3).

Автор
д-р Джей Рок Ли

Д-р Джей Рок Ли родился в городе Муан, в провинции Джэоннам Южной Корейской Республики, в 1943 году. Начиная с двадцати лет, д-р Ли страдал от различных неизлечимых заболеваний и в течение семи лет жил в ожидании смерти, без всякой надежды на исцеление. Но однажды, весной 1974 года, сестра привела его в церковь, где он, упав на колени, молился, и Живой Бог сразу исцелил его от всех болезней.

С той минуты, как д-р Ли чудесным образом встретился с Живым Богом, он искренне возлюбил Его всем сердцем, и в 1978 году он был призван на служение Богу. Он усердно молился и неустанно постился, чтобы ясно понять волю Божью, полностью исполнить ее и повиноваться каждому слову Божьему. В 1982 году он основал Центральную церковь «Манмин» в городе Сеуле (Южная Корея), и с того момента бесчисленные дела Божьи, включая чудесные исцеления и знамения Божьи, были явлены в этой церкви.

В 1986 году д-р Ли был рукоположен в сан пастора на ежегодной Ассамблее Корейской церкви Христа в Сингкуоле, а спустя ещё четыре года, в 1990 году, его проповеди начали транслироваться в Австралии, России, на Филиппинах и во многих других странах, а также по каналам «Дальневосточной вещательной компании», «Азиатской вещательной компании» и «Вашингтонской христианской радиостанции».

Через три года, то есть в 1993 году, журнал *Христианский Мир* (США) внес Центральную церковь «Манмин» в список пятидесяти лучших церквей мира; колледж Христианской веры в штате Флорида (США) присвоил д-ру Ли степень почетного доктора богословия, а в 1996 году Теологическая семинария Кингсвэй (штат Айова, США) присвоила ему степень доктора христианского служения.

С 1993 года д-р Ли, проведя крусейды в Израиле, США, Танзании, Аргентине, Уганде, Японии, Пакистане, Кении, на Филиппинах, в Гондурасе, Индии, России, Германии и Перу, вошел в ряд лидеров мировой миссионерской деятельности.

В 2002 году, за его труд по проведению ряда впечатляющих объединенных крусейдов, ведущие христианские газеты Кореи назвали его «пастором всемирного пробуждения». Особенно отмечена его Нью-Йоркская евангелизационная кампания 2006 года, прошедшая в «Madison Square Garden», которая транслировалась в 220-ти странах мира.

Также особо отмечен Объединенный крусейд в Израиле в 2009 году, прошедший в международном Центре конгрессов Иерусалима, когда Иисус Христос был открыто провозглашен Мессией и Спасителем. Тогда проповеди д-ра Джей Рока Ли через спутниковое вещание транслировались на 176 стран.

В 2009-м и 2010 годах ведущий христианский мега-портал «In Victory», а также новостное агентство *Christian Telegraph* назвали д-ра Ли одним из 10-ти ведущих христианских лидеров мира.

По данным на сентябрь 2017 года, Центральная церковь «Манмин» объединяет более 130.000 членов. У церкви более 11.000 дочерних и ассоциативных церквей во всем мире, включая 56 филиала в самой Корее. Кроме того, более 98-ти миссионеров направлены в 23 страны, включая США, Россию, Германию, Канаду, Японию, Китай, Францию, Индию, Кению и многие другие страны.

На момент публикации этой книги д-р Ли написал 109-х книг, в том числе такие бестселлеры, как *«Откровение о вечной жизни в преддверии смерти», «Моя Жизнь, Моя Вера» (I и II), «Слово о Кресте», «Мера Веры», «Небеса» (I и II), «Ад» и «Сила Божья».* Его книги уже переведены на 76 языков мира.

Его статьи на тему христианской веры регулярно публикуются в следующих периодических изданиях: *The Hankook Ilbo, The JoongAng Daily, The Chosun Ilbo, The Dong-A Ilbo, The Hankyoreh Shinmun, The Seoul Shinmun, The Kyunghyang Shinmun, The Korea Economic Daily, The Shisa News* и *The Christian Press.*

В настоящее время д-р Ли возглавляет многие миссионерские организации и ассоциации. Он, в частности, является главой правления Объединенной церкви святости Иисуса Христа, президентом Международной миссионерской организации Манмин, основателем и главой правлений «Глобальной христианской сети» (GCN), «Всемирной сети врачей-христиан» (WCDN) и Международной семинарии Манмин (MIS).

Небеса I и II

Красочное и подробное описание прекрасных обителей, где блаженствуют граждане Небес, и превосходное разъяснение различных уровней Небесных царств.

Ад

Бог искренен в своем послании человечеству, так как желает, чтобы ни единая душа не оказалась в бездне ада! Вы узнаете о чудовищной жестокости Нижней могилы и ада.

Слово о Кресте

Действенная пробуждающая проповедь для всех, кто пребывает в духовном сне. Прочтя эту книгу, вы узнаете, почему Иисус является единственным Спасителем и истинной любовью Бога.

Откровения о вечной жизни в преддверии смерти

Воспоминания-исповедь преподобного д-ра Джей Рока Ли, рассказ о рождении свыше, спасении и жизни человека, ведущего христианскую жизнь, достойную подражания.

Мера Веры

Какая обитель и какие венцы и награды приготовлены для вас на Небесах? Эта книга содержит в себе мудрость и наставления, необходимые для того, чтобы измерить свою веру и взрастить ее до меры полной зрелости.